삶의 회복을 위한 지역문화

삶의 회복을 위한 지역문화

초판 1쇄 발행 • 2021년 2월 5일

엮은이 • 경기도문화원연합회
기획/진행 • 최영주, 장세영
펴낸이 • 황규관

펴낸곳 • 도서출판 삶창
출판등록 • 2010년 11월 30일 제2010-000168호
주소 • 04149 서울시 마포구 대흥로 84-6, 302호
전화 • 02-848-3097
팩스 • 02-848-3094

디자인 • 정하연
종이 • 대현지류
인쇄제책 • 스크린그래픽

ⓒ 고영직 외, 2021
ISBN 978-89-6655-130-9 03300

삶의 회복을 위한 지역문화

지역문화의 전환을 위하여

경기도문화원연합회 엮음

삶창

코로나19 이후의
지역문화원

2020년은 코로나의 한복판을 거쳐온 한 해였습니다. 기후변화, 지구온난화로 동토의 땅 시베리아가 해동되면서 창궐하는 미지의 생물들, 그동안 인간이 경험하지 못한 수많은 바이러스의 존재가 이후 어떤 싸움을 준비해야 할지 모르는 두려운 시간으로 우리를 압박합니다.

뉴노멀(new normal) 시대는 새로운 기준을 만들어야 하는 과제를 우리에게 부여합니다. 노멀(normal)은 '정상, 일반적인, 보통의, 평범한, 일상적인'이라는 뜻으로 번역됩니다. 지역문화원은 과연 노멀한 세계를 해체하고 전면적 전복을 통한 새로운 일상을 만들어낼 수 있을까요?

경기도문화원연합회에서는 웹진 『경기문화저널』을 통해 새로운 가치, 새로운 시대를 준비해야 하는 시점에서 지역문화의 맥락을 어떻게 재구성해야 하는가에 대한 학계와 현장의 치열한 고민들을 담아보고자 했습니다. 어쩌면 우리는 인간중심적이며 이분법적 사고로 대표되는 근대를 아직 못 벗어났는지도 모릅니다. 때문에 지금 '현재'는 '현대'라고 볼 수 없지 않을까 하는 질문을 던져보고자 합니다.

코로나19로 대표되는 바이러스가 근대를 넘어 진정한 '현대'로의 진입을 재촉하고 있지 않은가 하는 문제의식을 바탕으로, 코로나의 등장을 역사 발전 과정 안에서 어떻게 이해해야 할지 답을 찾고자 했습니다. 그리고 역사의 현장인 지역문화가 향후 어떻게 전개될 것인가를 예측하기 위해 더 정교하게 현 단계를 진단하고자 했습니다. 한 해가 지나는 시점에서 철 지난 얘기로 느껴질지 모르겠지만, 이 바이러스와의 싸움은 여전히 현재진행형입니다. 지역문화원은 더 치열하게 고민해야 하고, 어떤 형식으로든 그 대안을 찾아야 한다는 절박한 심정이어야 합니다.

문화원은 과거를 다룹니다. 과거를 표현하는 향토, 전통, 역사는 지역문화원이 사용하고 있는 친숙한 주제어들입니다. 이제 향토는 '마을'이라는 말로, 전통은 '지역문화'라는 말로, 역사는 '일상'이라는 말로 전환하면 어떨까 하는 제안이 가능할 것 같습니다. 코로나19는 세계화, 국제화로 대변되는 신자유주의적 세계 체제의 한계를 노정했고, 로컬 문화의 가능성이 전면적으로 부각되는 흐름을 만들었습니다. 이제 문화를 국가와 민족이라는 거대담론이 아닌 로컬 문화라는 미시적 차원에서 접근하는 태도가 필요합니다.

2014년 4월 16일, 304명의 사망자를 낸 세월호 참사를 하나의 사건으로 뭉뚱그려 볼 것이 아니라 저마다 소중한 한 명 한 명이 사망한 304개의 사건으로 이해해야 한다는 고영식의 밀저럼 관점의 전환이 필요합니다. 이제 국민을 '국가를 구성하는 일원 중 한 명'이 아니라, '사람이, 사람을, 사람으로 대해야 하는 시대'로 이해해야 한다는 이용원의 제안과도 이어지는 맥락입니다. 다시 말해 민족중흥의 역사적 사명을 띠고 태어난 '한국인'이라는 규정으로부터 자유로워져야 합니다. 그리고 사람과 사람의 관계 공식을 새로 쓰자는 도발적인 제안이 코로나19 시대를 계기로 설득력을 얻게 된 것 같습니다.

지금 우리가 겪는 재난이 끝나면 우리는 곧 과거의 일상으로 복귀할 수 있을 것이라는 희망이 '희망'일 수 있을까요? 시민의 문화예술 향유를 목적으로 마련된 공간은 제일 먼저 폐쇄되었고, 문화행사는 제일 먼저 취소되었습니다. '삶의 회복'을 위한 정책이 필요합니다. 고길섶은 분절(分節)화된 정책에서 절합(節合)하는 정책으로 전환해야 한다고 주장합니다. 이 말은 『옥천신문』 황민호 상임이사의 지역 주민에 의한 자발적, 주체적, 창의적 소규모 마을공동체 같은 '코뮌'을 대안으로 삼아야 한다는 제안과 맥락이 이어지는 것 같습니다. 일본 이와미(石見) 마을에서 '이치겐도(一言堂)'가 아닌 '군겐도(群言堂)'를 지향하며 지역 주민들과 손을 잡고 전국 규모의 사업을 추진하는 사례도 흥미롭습니다.

이제 지역문화원은 '단편적인 일상'의 주름진 이야기들이 모인 마을의 공동체 '리빙 아카이브'와 '거버넌스'를 통한 기록주권의 회복이라는 주제에 집중해야 합니다. 오늘의 일상이 역사가 되는 뉴노멀 시대의 일상문화가 무엇인지 지역문화원은 답을 찾아야 합니다. 아니, 그 답을 찾기 위한 과정을 치열하게 만들어가야 합니다. 그런 과정들 속에서 나온 각각의 솔루션들이 지역의 새로운 일상을 만들어나가는 단초가 될 것이고, 그 단초들이 모여 지역과 마을의 새로운 역사와 전통이 될 것입니다.

편집위원으로 함께해주신 '동네지식인' 고영직 문학평론가, 이동준 이천문화원 사무국장님, 최서영 ㈜더페이퍼 대표께 감사의 말씀을 드립니다. 그리고 풍성한 글로 지혜를 나눠주신 윤한택 교수, 양진호 인문학교육연구소장,『옥천신문』황민호 이사, 이영남 교수, 고길섶 문화비평가, 손경년 전(前) 부천문화재단 대표, 김찬호 교수, 이경래 교수, 소종민 문학평론가, 이용원 월간『토마토』발행인님께 심심한 감사의 마음을 전합니다. 무엇보다 사업을 잘 갈무리하고 원고 정리에 웹진 발신까지 성실하게 노력해주신 문화기획자 장세영 님, 마지막으로 본 사업이 과감하게 추진될 수 있도록 묵묵히 지켜봐주신 염상덕 경기도문화원연합회장님께도 깊이 감사드립니다.

2020년 웹진『경기문화저널』에 수록된 글을 중심으로 편집한 이 책이 코로나19 시대의 한복판에서 다양한 모색을 하고 있는 지역문화원 임직원을 비롯한 관계자 여러분들과, 진정성을 가지고 지역을 일구려는 모든 문화기획자들에게 작은 디딤돌이 됐으면 합니다. 코로나19 바이러스가 지나가고, 새로운 시대가 오면 우리는 어떤 춤을 다시 출 수 있을까요?

2020년 12월 초

사무처장 **최영주** 삼가 씀

차례

코로나19 시대 '전환'을 생각한다

1부

"자연으로부터 분화된 인류는
자기를 만든 자연과 더불어 진화하기 위해
과학기술을 바탕으로 그것과 불화하는
단속적인 역사 시대를 경과하였으며,
이제야 겨우 그것과 화해할 수 있는 문 앞에 서 있다.
순간에서 기착하고, 경계에서 평행을 이루며,
확률로 파악되는 상보의 세계가 저기서 오고 있다.
그러므로 우리의 역사 시대는 영역의 시대에서
경계의 시대로, 모순의 시대에서 상보의 시대로의
이행기에 처해 있다고 할 수 있다."

― 윤한택, 「포스트 코로나 또는 위드 코로나 시대와 역사 전환」 중

우리 집에 'SSG'이
쓱 들어왔다

········· 최
서
영

(주)더페이퍼 대표

오늘도 아침 일찍 우리 집에 'SSG'이 쓱 들어왔다. 현관 앞에 놓인 'SSG' 상자에는 우리 가족이 일용할 양식이 가득하다. 코로나로 바뀐 일상의 대변혁이다. 주말 아침 현관문을 열면 어김없이 '쓱' 박스가 놓여 있다. 아이스 팩과 함께 흐르거나 깨지는 것, 망가짐 없이 예쁘게 새벽 배송되어온 일용할 양식들! 어디서든 핸드폰 하나와 지불할 신용카드만 있으면 쇼핑이 가능하고 배송까지 받아볼 수 있다. 오늘 아침 식사는 호밀빵. 냉장고에서 땅콩버터와 딸기잼, 우유를 꺼내 일어나는 순서대로 한 쪽씩 입에 물려주면 아침 식사가 마무리된다.

"하얀 눈 위에 구두 발자국, 바둑이와 같이 간 구두 발자국, 누가 누가 새벽길 떠나갔나, 외로운 산길에 구두 발자국."

15

왜, 누가 떠났는지 눈이 오면 어김없이 이 동요를 생각했었다. 이제 누군지 알 리 없는 누군가가 새벽에 '쓱' 박스를 남겨놓고 떠나갔다.

일상의 모습을 따라가보자. 일용할 양식은 새벽 배송으로, 신문은 포탈을 통해, 지식도, 쇼핑도, 여가도 모두 온라인 안에서 이루어진다. 이것이 우리가 목격하는 일상의 모습이다.

장 보는 시간을 줄여 몸을 편하게 하니 확실히 좋은 것인가? 코로나19를 피하는 안전한 비대면 장보기가 준비되어 예전과 다름없이 마음껏 먹고 쓰는 것이 좋은 것인가? 우리는 이대로 괜찮은 걸까? 나는 또 내일 어떤 하루를 대면하게 될까?

바이러스의 창궐이 인간과 사회에 미치는 정치적·사회적·심리적 영향이 오늘 아침 경험한 '쓱'의 일상과 연결되어 있다는 생각이 들었다. 대형 유통기업인 신세계(E마트)가 만든 '쓱'의 광고에는 인간다움, 따뜻함, 감동이 가득하다. 새벽 배송을 위해 애쓰는 직원들의 노동이 그 가운데 있다. 그러나 미화, 포장된 이 광고는 유통 시스템이 인간다움을 대변하는 것에 지나지 않는다.

우리는 예전의 일상으로 다시 돌아갈 수 있을까? 그렇지 않다면 지금보다 더 나은 삶의 방식은 무엇인가? 대한민국에서는 코로나19로 인한 팬데믹(pandemic) 상황에서마저도 평소와 다름없는 소비 일상을 유지한다. 인류의 기술문명과 자본이 결합하여 탄생한 새로운 시스템들이 일상을 차지한 모습을 보며, 그 이면에 도사린 자본의 힘이 얼마나 어마어마한지 깨닫는다. 이러한 깨달음 끝에 인류는 커다란 무력감에 빠지게 되었는지도 모르겠다.

아직도 선명하게 기억하는 나의 어릴 적 추억이 있다. 해 질 녘 엄마를 따라 시장에 저녁거리를 사러 가곤 했다. 채소 자판을 지나 시장 안으로 들어서면 맨 먼저 생생한 생선들이 산더미처럼 드러누워 있는 생선 가게를 만난다. 보통 자반고등어나 꽁치, 임연수어 등을 저녁거리로 샀던 것 같다. 생선 가게를 나와 모퉁이를 돌면 보리 볶는 구수한 냄새가 풍겼다. 낙화생유나 참기름을 파는 보리차 가게를 지나면 순대며 튀김, 덴뿌라를 파는 가게가 있었고, 시장 안 모퉁이를 따라 골목 쪽으로 나가면 닭장 안에 살아 있는 닭을 잡아 파는 닭집이 있었다.

이 이야기에는 사람이 존재하고, 사람과 사람의 관계가 선명하게 그려진다. 지금 우리의 일상은 보이지 않는 그림 속으로 숨어든 것 같다. 지금 우리에게는 '쓱' 박스를 열고 먹는다는 행위만이 존재할 뿐이다. 우리가 먹는 그것이 어떻게 생산되는지, 누가 생산하는지, 물건을 파는 사람이 누구인지도 사라져버렸다. 나와 물건만이 존재하는 세상에서는 인간과 인간 사이가 사회적, 협동적 관계로 발전할 수 없다.

코로나19 이후의 미래 사회를 희망적으로 예측하기란 쉽지 않다. 포스트 코로나 시대에선 공동체의 붕괴가 현실화할 위기에 처해 있다. 말뿐이 아니다. 바로 우리 눈앞에 닥친 현실이다. 지금이야말로, 아니 지금부터라도 함께 공존할 방법을 고민하고 실천해야 할 때라고 생각한다.

우리 집에 'SSG'이 쓱 들어왔다

우리가 창출한 물리적 기계, 인공지능 기계, 사회적 기계 및 과학적
지식에 대한 통제력을 되찾는 것은, 그 전장에서 우리(다중)가 착수
할 수 있는 대담하고 강력한 하나의 사업인 것이다.[1]

오늘 친구 아들의 결혼식을 다녀왔다. 신랑과 신부에 대한 궁
금함보다 이 시국에 결혼식에 가야 하는가를 고민했다. 마스크
를 쓰고 발열 체크를 하고 예식장에 입장했다. 친구와 기념 촬영
을 하면서 마스크를 쓰고 사진을 찍었다. 이것도 기록이라고 하
며 웃었다. 이것은 이제 일상이다.

친구의 아들은 결혼 후 영국으로 연구 연수를 떠난다고 한다.
예전 같으면 부러움의 대상이겠지만, 지금은 예측할 수 없는 다
른 나라로 간다는 것이 두려울 수밖에 없다. 인류의 기술문명은
세상을 가깝게 만들었지만, 이제 '국경'을 넘는 일은 목숨을 걸
어야 하는 문제가 되었다. 이날 피로연 자리도 어김없이 가족주
의로 이야기를 마무리 지었다. 미래에 우리 후손들은 지금 이 시
대를 뭐라고 규정할 것인가?

---

1   안토니오 네그리 · 마이클 하트, 이승준 · 정유진 옮김, 「어셈블리」, 알렙, 2020. 「어셈블리」는
    좌파 중 가장 창의적인 사상가인 네그리와 하트의 「제국」, 「다중」, 「공통체」의 작업을 계승하며
    최근의 세계 정치 상황을 분석해 사회운동의 실천을 도모하는 책이다. 저자들은 아직까지는 오
    래 지속되는 대안을 만들어내지 못했다고 진단하면서, 이제는 지도자와 다중의 역할의 전도가
    필요하고 나아가 그것을 장기적 안목에서 제도화해야 한다고 주장한다. 즉, 다중이 전략을 주도
    하고 지도자들은 전술을 맡아야 한다는 것이다. '어셈블리(Assembly)'라는 제목은 함께 모
    여드는 힘과 정치적으로 합심하여 행동하는 힘을 포착하려는 의도에서 붙여졌다.

지금 우리가 사는 여기는 어떠한가? 우리는 어떤 세상을 꿈꾸어야 하는가? 지금 우리에게 가능한 삶의 모습은 무엇인가? 지금 이 상황을 일상으로 받아들여야 한다면 우리는 어떤 형태의 삶을 살게 될 것이고, 또 그러한 삶을 이어갈 세상은 또 어떤 모습이 될 것인가?

환경파괴, 기상이변, 바이러스가 창궐하는 상황 속에서 사람들의 일상이 전혀 생각지도 못한 모습으로 바뀐다는 것은 수많은 영화와 소설 등에서 다루었던 소재들이다. 이 이야기들은 인류가 지닌 원초적 두려움으로 가득하다. 나는 기술문명 앞에서 속절없이 사라지는 자연, 그리고 무너지는 공동체의 삶의 방식을 목격하면서 느꼈던 두려움이나 무력함이 이와 다르지 않다고 생각한다. 그간 내가 느껴온 세상에 대한 단상은, 과연 인류가 멸망의 속도를 늦추고 방향을 바꿀 수 있을 것인가에 대한 회의였다. 무기력한 인류를 보는 슬픈 방관자라고나 할까.

김규항은 『혁명노트』[2]에서 "개인으로서 삶은 자본주의에 순응하는 '앎과 삶의 분리'는 그의 윤리 문제라기보다는 그의 삶이 물신성에 포획되어 있기 때문에 나타나는 자연스러운 현상"이

---

2 김규항, 『혁명노트』, 알마, 2020. 사회문화 비평가 김규항의 『혁명노트』는 특유의 날카로운 통찰로 정치, 경제, 사회, 문화, 예술, 교육, 인물, 시사 할 것 없이, 세상의 모든 구조를 분석한다. 이 책은 개인적 층위에서 영성의 혁명을 넘어, 개인들의 총합을 떠받치는 근본적인 사회 시스템을 관통한다. 김규항은 "지금 우리가 살고 있는, 언제 끝날지 모를 '전망 없는 세계'는 자본주의가 보이는 일시적 병증이 아니라 그 본래의 모습이 드러난 것"이라고 전제하면서 "국지적이거나 시의적인 관점을 넘어 자본주의의 본질과 구조를 직시하고, 자본주의 극복에 관한 나름의 견해를 마련하는 일이 긴요하다"고 말한다.

우리 집에 'SSG'이 쓱 들어왔다

라고 했다. 우리는 이미 자본주의의 노예이며, 물신의 명령과 의지에 따라 제 역할을 수행하는 노예라는 것이다. 자본화에 대한 경계의식이나 견제가 해제된 사이 매우 빠르게 더욱더 견고해진 자본에 예속되는 '물신사회'로 치닫게 될 것이라는 것이다.

그렇다면 극도의 자본주의하에서 바이러스 창궐 시대를 막을 수 있을까? 환경파괴와 기상이변으로부터 지구를 지킬 수 있으려면 무엇을 시작해야 하는가? 『혁명노트』에서 변화는 '질문의 재개'로 시작한다고 한다. 우리는 잃어버린 어떤 질문을 찾아야 할 것 같다.

우리는 촛불을 보며 새로운 정치 주체인 '다중(multitude)'을 규정했다. 다중은 제국의 지배를 끝내고 새로운 삶, 민주적 세상을 창출할 수 있는 새로운 주체들이다. 저항과 투쟁이 마주치고 이어져서 이루어진 결합체가 결국 다중으로 나타난다.

2017년 발행한 네그리와 하트의 『어셈블리』에서는 사회적 불평등과 끔찍한 가난에 대한 격분, 지구와 생태계의 파괴에 대한 분노와 걱정, 멈출 수 없을 듯 보이는 폭력과 전쟁에 대한 규탄이 가득하다. 대부분의 사람은 이 모든 문제를 인식하고 있지만, 변화를 일으키기에는 힘이 없다고 느낀다. '어떻게 이 운동들은 다음 단계로 나아갈 수 있는가?', '어떻게 지속하는 대규모 방식으로 민주적 비전을 실현할 수 있는가?'에 대한 질문을 제기하고 있다. 오늘날 세상을 구원할 대안과 그것을 현실화할 정치적 주체의 창출로서 '다중의 군주 되기'를 이야기한다. 이제 우리 앞에 질문이 놓여 있다.

'어떻게 이 운동들은 다음 단계로 나아갈 수 있는가?'

'어떻게 이 운동들은 오래 지속하는 대규모의 방식으로 자신들의 민주적 비전을 실현할 수 있는가?'

네그리와 하트는 이 위기의 시대에 역설적으로 코로나 이후에도 '다중의 모이기(어셈블리)'가 해방의 열쇠라고 한다. 앞에서 언급한 것처럼 자본은 다양한 시스템을 통해 자본을 증식하고 이러한 위기에서 살아남을 것이다. 지금 우리가 해야 할 일은 이 현실을 나의 문제로 인식하는 것이다. 자신을 성찰함으로써 행동하는 주체로서 깨어나고 다중을 형성하고, 공동체로서 연대하고, 사회적 협력을 이루어나가야 할 것이다.

우리의 미래에 대한 통제력을 자본으로부터 되찾는 것, 그것을 위해 모이는 것이 지금 당장 우리가 해야 할 행동으로 보인다. 하지만 팬데믹 상황 속에서 연대와 협력을 통한 실천은 요원해 보인다. 그러나 우리는 이미 디지털 시대를 살고 있다. 역으로 인간이 만들어놓은 기술문명 안에서 다중의 어셈블리가 가능하지 않을까.

지금의 위기는 사실 자본주의 생산과 자본주의 사회가 젠더화한 사회적 서비스 같은 '공통적인 것'(the common)에 얼마나 크게 의존해왔는지를 오히려 드러낸다"며 "이 위기의 시대에 '어셈블리'와 사회적 협력은 여전히 필수적이며, 다양한 방식의 어셈블리가 한편으로는 미래에 다가올 해방의 열쇠라는 점에 유념"이라고 말하고 있다.[3]

우리 집에 'SSG'이 쏙 들어왔다

마지막으로 『녹색평론』 발행인이었던 고(故) 김종철[4] 선생님의 4월 17일 자 한겨레 칼럼 '코로나 환란, 기로에 선 문명'[5]을 통해 우리 삶의 태도를 되돌아보는 것으로 이 글을 마치고자 한다.

근본적인 대책은 우리 모두의 정신적·육체적 면역력을 증강하는 방향이라야 한다. 따라서 우리는 더 이상의 생태계 훼손을 막고, 맑은 대기와 물, 건강한 먹을거리를 위한 토양의 보존과 생태적 농법, 그리고 무엇보다 단순·소박한 삶을 적극 껴안지 않으면 안 된다. 우리를 구제하는 것은 사회적 거리두기도 마스크도 손 씻기도 아니다. (…) 이 세상에서 가장 무서운 것은, 공생의 윤리를 부정하는, 그리하여 우리 모두의 면역력을 체계적으로 파괴하는 탐욕이라는 바이러스다.

---

3 안토니오 네그리·마이클 하트, 앞의 책, 16장 「포르톨라노」.
4 김종철은 한국 사회에서 가장 급진적이고 선구적인 인문잡지로 평가받는 『녹색평론』 발행인 겸 편집인이다. 1947년 경남 함양에서 태어나, 진주의 남강변에서 자라던 유년 시절에 6·25 전란을 겪었다. 전쟁 이후 마산에서 초중고등학교를 다녔다. 서울대학교 문리과대학과 대학원에서 영문학을 읽고, 공군사관학교 교관으로 군복무를 했다. 제대 후 숭전대학교, 성심여자대학교, 영남대학교 등에서 교편을 잡았다. 1970~1980년대에는 문학평론 활동을 하다가, 1991년에 격월간 『녹색평론』을 창간하여 에콜로지(Ecology) 사상과 운동의 확대를 위한 활동에 열중해왔다. 2004년에 대학의 교직을 그만두고, 『녹색평론』 편집·발간에 전념하면서, 2011년 3월 후쿠시마 원전사고를 계기로 한국 최초의 녹색당 창립을 위한 활동에 참여하였다. 또, 2004년 이후 10여 년간 '일리치 읽기 모임'이라는 이름으로 시민자주강좌를 개설, 진행했다. 2020년 6월 25일 향년 73세를 일기로 세상을 떠나셨다. 저서에 『시와 역사적 상상력』(문학과지성사, 1978), 『시적 인간과 생태적 인간』(삼인, 1999), 『간디의 물레』(녹색평론사, 1999), 『비판적 상상력을 위하여』(녹색평론사, 2008), 『땅의 옹호』(녹색평론사, 2008), 『발언 I, II』(녹색평론사, 2016), 『大地의 상상력』(녹색평론사, 2019) 등이 있고, 더글러스 러미스의 『경제성장이 안되면 우리는 풍요롭지 못할 것인가』(녹색평론사, 2002)와 리 호이나키의 『정의의 길로 비틀거리며 가다』(리 호이나키, 2007) 등의 책을 우리말로 옮겼다.
5 ⟨http://www.hani.co.kr/arti/opinion/column/937411.html⟩

포스트 코로나 또는
위드 코로나 시대와 역사 전환

········ 윤한택 동국대 연구교수

코로나 팬데믹

2019년 12월 1일 국제 의학 저널 『란셋』(*The Lancet*)이 중국 우한의 한 병원에서 새로운 유형의 코로나바이러스 폐렴이 확인되었다고 밝히면서 시작된 코로나 사태가 반년을 넘어섰다. 사태 확인 한 달 만인 12월 31일 우한시 보건위원회는 폐렴 전염병을 처음으로 공표하였다. 이듬해 2020년 1월 9일 우환 폐렴 첫 사망자가 발생하였다. 1월 12일 한국에서 첫 의심환자가 발생하였고 이후 태국, 일본, 미국, 프랑스, 네팔, 캐나다, 캄보디아, 독일, 핀란드 등에서 확진 환자가 이어지면서, 1월 29일에는 중국 외 감염국이 15개국으로 늘어났다.

2020년 1월 20일 국내 첫 확진 환자가 확인되자, 정부는 감염

23

병 위기 경보 수준을 '관심'에서 '주의'로 상향 조정하였고, 계속해서 북한, 몽골, 베트남, 말레이시아 등에서 국경 폐쇄, 여행 제한 등이 이어졌다. 1월 27일 네 번째 확진자가 발생하자 다시 정부는 경보 수준을 '경계'로 상향 조정하였다. 1월 30일 세계보건기구(WHO)는 국제적 공중보건 비상사태를 선포하였다.

1월 31일과 2월 1일 우한 교민이 귀국하여 충북과 충남, 경기에서 격리 생활을 시작하였다. 2월 3일 유치원과 초중고교 개학 연기와 휴업을 결정하였고, 2월 6일 전국 대학 개강 연기를 권고하였다. 2월 5일 현대자동차가 중국 부품 공급 중단으로 생산을 중단하였고, 이후 기아자동차, 한국지엠(GM)으로 이어졌다. 2월 18일 대구 신천지교회 첫 확진자 발생 후 신천지 대구교회와 청도 대남병원에서 확진자가 대거 발생하였고, 이에 정부는 대구·경북 지역을 지역 감염병 특별관리지역으로 지정하였으며, 23일 위기 경보 단계를 최고 단계인 '심각'으로 격상하였다. 28일 세계보건기구(WHO)가 세계적 위험 수준을 최고 단계인 '매우 높음'으로 격상하였다. 3월 6일 분당제생병원 집단감염, 3월 8일 서울 구로구 콜센터 집단감염이 발생하였다. 전 세계 발병 국가가 3월 6일에 97개국, 3월 10일에 118개국으로 증가하자, 세계보건기구는 3월 11일에 코로나19 팬데믹을 선언하였다.

전염병과 문명 : 작물화 · 가축화와 병원균

페스트(흑사병)가 중세 유럽을 초토화하고 근대로의 이행을 촉진한 계기가 되었다는 것은 역사적으로 잘 알려진 이야기이다. 그렇지만 위력적인 사건임에도 불구하고 그 역사적 전환과 전염병의 상관관계의 함의에 대해서는 그리 연구가 이루어지지 않았다. 아마도 그 이후 전개된 이성을 바탕으로 한 근대사회의 발전과 이념적 대립이 이 문제를 부차적인 요인으로 취급하게 한 경향 때문이었을 것이다. 그러다가 전염병과 문명의 연관에 대한 문제의식이 대중적으로 관심을 받게된 것은, 인류 미래에 대한 근대문명의 한계를 대륙 간, 민족 간 문명화의 불평등성에서 찾은 재러드 다이아몬드(Jared Diamond)의 『총, 균, 쇠』 영향이었다. 재러드에 따르면, 인류 최초 문명은 작물화·가축화의 역사이고 그 결과 유산자와 무산자를 갈라놓았다. 그것은 바로 '세균이 준 사악한 선물'인 전염병의 역사와 한 몸임을 보여주며, 엥겔스(Friedrich Engels)가 문명의 목록 속에 넣었던, 가족과 국가와 사유재산에 한 항목을 추가하였다.

우리나라를 둘러싼 동아시아에서의 전염병 발생과 문명 교류의 연관에 대한 산발적인 사례들이 있었다. 기원전 1세기 백제의 역병 유행을 기원전 108년의 한나라 공격을 받은 고조선의 멸망과 뒤이은 사람들의 이동에서 비롯된 것으로 보았고, 6세기 북위의 멸망에 따른 대규모 유이민 발생이 고구려, 일본으로 전염병을 옮겼을 것으로 보고 있으며, 당시 보편 종교였던 불교 전파가

25

이를 매개했을 가능성이 지적되기도 했다. 7세기 나당연합군이 백제를 멸망시킨 후 신라에서는 대규모 역병이 돌기도 하였다. 고려왕조에도 송과 요와의 국제 관계 속에서 발생한 전쟁이 급성 유행성 열병인 온역(瘟疫)을 발생시킨 것으로 보이며, 조선왕조에서도 왜란과 호란의 전란에다가 당시 지구 기온 저하가 발생했던 중기에 발병 빈도가 가장 높았다. 개항기에도 러시아와의 통로인 원산, 일본의 거류민 지역인 부산에서 콜레라가 발생한 사실이 보고되었고, 국제적으로 온역 방역 장정(章程)이 마련되기까지 하였다.

이렇게 문명이 전염병과 한 몸이라면, 문명의 현 단계에서도 역시 그러하고 앞으로도 영구히 그럴 것인가?

사회적 거리두기와 뉴노멀 : 대응 양상의 전환

이번 사태 대응과 관련하여 그 초기 단계부터 세계는 바이러스 게놈 획득부터 백신 개발 노력을 꾸준히 진행하고 있다. 위기 경보 단계가 최고 단계에 도달하자 정부는 전통적인 방역 방식인 마스크 착용과 환자 격리 등을 동원하였다. 2월 29일, 마스크 대란이 심화되자 정부는 마스크 국외 반출을 전면 중단하고 마스크 5부제를 실시하였다. 3월 22일부터 '고강도 사회적 거리두기'를 시행하였다. 3월 31에는 2021학년도 수능 연기를 발표하고, 유치원 개학을 무기한 연기하였다. 4월 9일, 고3·중3에게 교육 당국이 제공한 학급관리시스템을 이용해 사상 첫 온라인 개학이 이루어졌다. 6월 10일, 실내 집단 시설에 'QR 코드' 전자출입명부를 도입하였다. 6월 8일, 뉴질랜드에서 세계 최초로 코로나19 종식을 선언하였다. 한편 6월 22일에 오면돈 서울대 감염내과 교수는 코로나 종식은 불가능하다고 말했다.

이런 혼란스러운 상황을 어떻게 이해하고 돌파해야 하는가? 코로나 이후 세계의 각 부문에서 대안에 대한 논의가 무성하다. 마스크 착용을 비롯한 개인 방역, 사회적 거리두기, 재택근무, 온라인 강의 등 뉴노멀이 일상화되고 있다. 한편 백신 개발과 관련해서는 과학기술 낙관론부터 생태 백신, 행동 백신까지 주장이 다양하다. 역사 전환에 대한 근본적인 인식 전환이 필요한 시점이다.

새로운 세계사의 지평 : 종자 – 분자 – 원자 – 양자

문명의 항목인 가족, 국가, 사유재산에 전염병을 가한 연구를 과학기술의 관점에서 발전시킨 것이 유발 하라리(Yuval Noah Harari)의 『사피엔스』(김영사)라고 할 수 있겠다. 이 책의 문명사적 의미는 그 후기 「신이 된 동물」에 단적으로 요약되어 있다. "스스로 무엇을 원하는지도 모르는 채 불만스러워하며 무책임한 신들, 이보다 더 위험한 존재가 또 있을까?" 그런 판단의 근거에 과학기술혁명의 총아인 '인공지능'이 놓여 있는데, 이런 지극히 비관적인 전망과는 다르게 이 주제를 낙관적으로 전망하는 대극에 레이 커즈와일(Ray Kurzweil)의 『특이점이 온다』(김영사)가 서 있다. 이 책의 부제 '기술이 인간을 초월하는 순간'이 암시하듯, 기술의 "발전은 온 우주가 우리 인간의 손가락 끝에 놓일 때까지, 언제까지고 계속될 것이다"라며 인간이 세상의 중심이라는 결론을 다시 한번 확인하고 있다.

과학기술을 바라보는 이 두 가지 극단적인 관점은 양쪽 모두 이것을 '가치중립적'이라고 간주하는 점에서 치명적인 오류를 범하고 있다고 생각한다. 그런 사고방식의 근저에는 물질을 '실증적'으로만 바라보려던 근대 이성의 객관주의적 한계가 고스란히 남아 있다. 이미 물리학에서는 1920년대 말 하이젠베르크(Werner Heisenberg)의 '불확정성의 원리'와 닐스 보어(Niels Bohr)의 양자역학에서 보여주는 새로운 인식이 기존의 '원자론'에 도전장을 던졌고, 이후 사회 역사 발전에 그 영향력을 높여오고 있다. 이제 물질은 파동함수의 한 순간 어느 경계에서 확률로 포착되는 '데이터'가 되었고, 그 자체가 투입에 대한 산출이 정확하게 반영되는 '노동력가치'를 지향하게 되었다.

많은 모호성에도 불구하고, 아니 오히려 바로 그 불확정성, 비결정성 때문에 과학기술을 바라보는 우리의 관점은 이제 '양자'의 세계에서 출발할 수밖에 없게 되었고, 이것을 기준으로 이전 역사를 재구성하는 작업이 가능하게 되었으며, 또 그렇게 하지 않으면 안 되는 시점에 도달하였다.

이 작업의 진입로에서 다시 『총, 균, 쇠』는 든든한 원군으로 등

장한다. 문명의 시작이 작물화, 가축화였다는 것은 인류 역사 첫
단계인 고대사회의 생산양식과 사회 구성의 기본축이 가축(cattle)
이었다는 마르크스의 가설을 입증하는 것이다. 바로 고대사회의
지배적 생산수단으로서의 가축과 곡물의 종자와 그 잉여가치로
서의 이자에 대한 인류학적·고고학적·생물학적 실증 자료가 확
보된 셈이다.

이 고대사 인식에 대한 '빅 히스토리(Big History)'를 바탕으로, 근
대 자본주의 상품생산에 대한 마르크스 분석의 역사적 의미도
재평가할 수 있다. 자본과 그 잉여가치로서의 이윤을 낳는 원자
로서의 상품의 역사적 위치가 재확인되는 것이다. 이를 근거로
상품생산을 바탕으로 한 근대 '원자'와 작물화·가축화를 바탕으
로 한 고대 '종자' 가운데 봉건적 토지 소유를 매개로 한 중세 '분
자'의 시대를 되살려놓으면, 종자 – 분자 – 원자로 이어지는 역사
발전의 경로를 재구성할 수 있게 된다.

사물의 불확정성, 비결정성을 존재 – 당위로 끌어온 것은 가치
지향적 과학기술의 힘이다. 이를 매개로 인류 역사는 오랜 시간
동안 결정론의 시대를 경과해왔고, 이제 바야흐로 인류는 전사
(前史)를 거쳐 본사(本史)로 접어들고 있으며, 그 뒷골목에서 코로
나 팬데믹이 시험대에 올라 있다고 할 수 있다.

역사 전환의 함의 : 영역과 경계, 모순과 상보

전염병과 한 몸인 문명이 역사 전환을 경과한다고 함은 무엇을 의미하는 것일까? 작물화·가축화의 종자, 봉건적 토지 소유로서의 분자, 상품 소유로서의 원자의 시대는 시간과 공간을 양축으로 한 영역의 시대, 지배와 예속의 시대, 억압과 착취의 시대, 모순의 시대였다. 자연으로부터 분화된 인류는 자기를 만든 자연과 더불어 진화하기 위해 과학기술을 바탕으로 그것과 불화하는 단속적인 역사 시대를 경과하였으며, 이제야 겨우 그것과 화해할 수 있는 문 앞에 서 있다. 순간에서 기착하고, 경계에서 평행을 이루며, 확률로 파악되는 상보의 세계가 저기서 오고 있다. 그러므로 우리의 역사 시대는 영역의 시대에서 경계의 시대로, 모순의 시대에서 상보의 시대로의 이행기에 처해 있다고 할 수 있다. 지난 시대의 유산을 정확하게 견지하면서 전망할 수 있는 미래를 가진 시대가 우리 시대이다. 가치지향적 과학기술을 어떤 계급이 끌어가는가에 우리의 미래가 달렸다. 코로나가 가치중립적 질병이 아닌 것은 바로 그 때문이다.

사회적,
아니 물질적 거리에 관하여
―'삥땅 사건'을 돌아보며

········· 양진호 철학자/인문학교육연구소 소장

'삥땅 사건'을 아십니까?

'다른 사람에게 넘겨주어야 할 돈의 일부를 중간에서 가로채는 일을 속되게 이르는 말', 삥땅의 사전적 정의이다. 횡령이나 빼돌림으로 순화해서 써도 좋을 말을 굳이 여기에 쓰는 까닭은 우리가 이제 회고할 한 사건의 공식 명칭이 '삥땅 사건'이기 때문이다.

1965년 천주교 원주교구장 지학순과 무위당(无爲堂) 장일순의 만남은 강원도 원주를 중심으로 사회변혁을 도모했던 이른바 '원주캠프'를 형성하는 데에 결정적 계기가 되었다. 이후 반독재투쟁, 종교개혁, 협동조합 등의 사회운동을 전개하던 원주캠프는 1970년 봄 자신의 운동 방향을 전환하는 결정적인 일대 사

31

건을 맞게 되는데, 그것이 바로 시내버
스 여차장의 '삥땅 사건'이다.

여차장은 지금은 찾아볼 수 없는 직업
이 되었지만 당시만 해도 서울에만
9000여 명, 전국에 약 2만 명이 여차장
으로 일을 했다. 이들 대부분은 17~19
세의 여성으로, 서울의 경우 70% 정도
가 일자리를 구하기 위해 다른 지역에서
이주한 이들이었다. 새벽 4시부터 밤 12
시까지 격무에 시달리지만 일당은 540
원, 무급 비번을 제하면 월급은 1만800
원, 그나마 한 달 치의 식대를 제하고 나
면 이들 손에 쥐어지는 봉급은 약 4000

원이었다(『경향신문』, 1970년 4월 29일 자 6면).
"대부분이 동생들의 학비까지 대느라고 명실공히 가장 노릇을
해야 하는 이들의 처지"는 지금으로서는 상상하기조차 어렵다.

저는 올해 19세인 서울시내 버스에 종사하는 여차장입니다. 저는 18
시간이라는 긴 시간의 노동에 허덕이고 있습니다만 굳세게 살고 있
습니다. 그 힘을 저는 일하는 날 얻어지는 3백 원씩의 부수입에 의지
하고 있습니다. 그것을 저희들 세계에서 '삥땅'이라고 부릅니다. 그러
므로 저는 매일 죄의식에 사로잡혀 있습니다만 그 '삥땅'이 없으면 살
아갈 수도 없습니다. 그러나 저에게는 견딜 수 없는 고민이 있습니다.

32

매일같이 죄를 저지르면서 도
저히 교회에 나갈 수 없기 때
문입니다. 저는 영원히 교회와
등져야 합니까? 저는 정말 죄
인입니까?"(『매일경제신문』,
1970년 4월 29일 자 3면)

1970년 봄, 세례명 '안
젤라'로 알려진 어느 여차
장이 한국노사문제연구협
회 박청산 회장에게 삥땅
에 의존하는 여차장들의
생존 조건과 기독교인으
로서 느끼는 자신의 죄책
감을 호소해왔다. 이 호소문은 박청산 회장으로부터 지학순 주
교에게 전해졌고 이후 각계의 호응을 얻게 되어 4월 28일 서울
기독교청년회(YMCA) 대강당에서 개최된 〈버스 여차장의 삥땅에
관한 심포지움〉으로 이어졌다. 이른바 '삥땅 심포지움'에서 지학
순 주교는 삥땅은 여차장들에게 정당방위이므로 죄가 될 수 없
으며 개인의 일탈이 아니라 사회적 문제라고 역설했다. 박청산
회장은 감독자나 운전기사의 상납 요구를 폭로하는 한편, 근로
기준법이 엄연히 존재하지만 잘 지켜지지 않는 현실을 환기시
키면서 다양한 시정책들을 제안했다.

33

그때까지만 해도 주로 민중의 '자유'를 확보하기 위해 사회운동을 벌여오던 원주캠프는 뺑땅 사건 이후 민중의 '생존'에 대한 관심으로 시각을 확장시켰고, 자유와 생존이 공속(共屬)하고 있는 그 어떤 곳을 '생명'이라는 표현으로 지칭했다. 같은 해 11월 근로기준법 준수를 외치며 전태일 열사가 분신했고, 이듬해에는 도시 빈민의 불가능한 생존 조건을 크게 환기시킨 8·10항거, 이른바 '광주대단지사건'이 일어났다. 대다수의 학생과 지식인들이 노동과 빈민의 기치 아래 반독재투쟁을 전개한 반면, 원주캠프는 생명에 관한 인식을 더욱 심화하여 생명운동을 전개하면

조영래의 글을 장일순의 글씨로 새겨넣은 '전태일 동지 추모비'(1988). 남양주시 모란공원 민족민주열사묘역.

서 1981년 「생명의 세계관 확립과 협동적 생존의 확장」(이른바 「원주 보고서」)을, 1989년 「한살림 선언 – 생명의 지평을 바라보면서」를 발표한다.

원주캠프와 생명사상

원주캠프가 삥땅 사건을 계기로 '생명'에 눈을 뜬 것은 사실이지만 이것이 이른바 생명 '사상'과 생명 '운동'으로 전개된 배경에는 무위당 장일순이 있었다. 무위당은 해방 공간에서 해월(海月) 최시형의 가르침을 처음 접한 뒤로 늘 마음에 두었고, 특히 1970년대 후반에는 자본주의 대 사회주의 구도, 대량생산·대량소비에 고갈되어가는 물질의 총량 등을 깊이 성찰하면서 그 한계점들을 해월의 사상으로 극복하고자 했다. 1980년 12월 시인 김지하가 출옥하면서 무위당을 중심으로 동학과 생명론을 주제로 하는 공부 모임이 본격적으로 이루어졌고 이 과정에서 원주캠프도 내적·질적 변화를 맞이했다.[1] 「원주 보고서」와 「한살림 선언」은 이러한 지속적이고도 비판적인 자기 성찰의 결과물들로 간주해야 할 것이다.

흔히들 동학사상은 수운 최제우가 『동경대전』에 남겨놓은 '시천주(侍天主)' 석 자로 압축되고, '시(侍)' 한 자로 다시 압축된다고

---

1 김지하, 「흰 그늘의 길 3」, 학고재, 2003, 45쪽.

한다. 동학은 한마디로 '모심(侍)'의 사상인 셈이다. 해월은 동학의 사상을 민중이 알아듣기 쉬운 말로 풀어서 쓰곤 했는데, 이 모심과 관련해서 보자면 한편에서는 섬김(事)을 사용해 '사람을 하늘같이 섬긴다'는 사인여천(事人如天)으로, 다른 한편에서는 삼감(敬)을 사용해 '하늘을 삼가고, 사람을 삼가고, 물질을 삼간다(敬天/敬人/敬物)'는 삼경(三敬)으로 풀었다.

해월은 수운의 '하늘님을 모신다(侍天主)'에서 사람은 물론이고 물질까지 삼간다는 생각을 끌어냈는데, 이것은 '모심'이 지니고 있는 특별한 뜻 때문이라 하겠다. 수운은 동학을 논하면서 '모심'을 이렇게 풀어쓴다. "내유신령 외유기화 일세지인 각지불이(內有神靈 外有氣化 一世之人 各知不移)." 수운이 묘하게 풀어낸 이 구절을 어떻게 다시 풀어내야 우리가 그 안에서 수운과 해월과 무위당을 모두 만날 수 있을까? 도대체 안에 있는 신령(神靈)은 무엇이고, 밖에 있는 기화(氣化)는 또 무엇이며, 왜 세인들이 모두 옮기지 않는다(不移)는 것일까?

신령(神靈)부터가 문제다. 우리에게 산신령 등의 용례를 통해 익숙하기는 하지만, 이제는 많은 사람들이 없다고 믿는 신령을 어떻게 이해할 것인가? 신(神)과 영(靈)을 나누어 생각해보자. 우선 신(神)은 불가사의한 것이다. 우리가 자연과 인간을 알아보다 알아보다 끝내 알아내지 못한 채 남아 있는 저편, 그래서 인간의 무능력을 절감하고 차마 겸손해지는 어떤 순간에 대한 고백, 청천벽력(申) 앞에서 서둘러 제단(示)을 쌓고자 하는 마음, 그것이 신이다. 고대 그리스인들 또한 불가해한 자연 현상과 심리 현상들을 각각에 해당하는 어떤 놀라운 것(theos), 즉 신으로 불렸다.

영(靈) 또한 불가사의한 것이다. 하지만 신(神)보다는 더 좁은 문맥에서 넋이나 혼(魂) 같은 비물질적인 것을 가리키므로 이것은 우리가 생명에 대해서 알아가면 알아갈수록 계속 뒤로 물러나는 그 무엇, 그러나 그것 없이는 생명현상을 설명할 수 없기 때문에 결국 요청할 수밖에 없는 어떤 원리를 지칭한다. 제단(示) 위에 술잔(ㅁㅁㅁ)을 올리면 비(雨)가 내리는 이 형국(靈)은 물질과 비물질이 서로 조응하며 하나의 생명체를 유지해가는, 그러나 왜 그것이 자신을 유지하는지는 우리가 알지 못하는, (기껏해야 본능이라는 말로 얼버무리는) 불가해한 관계성을 가리킨다. 고대 그리스인들이 '목숨'을 가리키기 위해 사용했던 말 프시케(psyche)도, 훗날 로마인들이 아니마(anima)라고 불렀던 그것도, 우리가 목도하고 있는 생명현상에 대한 불가해한, 그러나 언급할 수밖에 없는 어떤 원리를 표현한 것과 다름없다.

왜 살아 있는 것들의 가슴팍은 부풀었다 꺼졌다 하는가? 왜 자벌레는 자기 몸을 접었다 폈다 하며 어딘가를 오가는가? 씨알 하나는 무엇을 그리 웅크리고 있다가 창창한 나무 한 그루로 생장하는가? 왜 땅은 몸을 오그려 굽이굽이 계곡을 형성했다가도 평야와 바다를 만나면 다시 제 몸을 펴는가? 주름과 펼침, 이 굴신(屈伸)의 비밀에 대하여 만일 누군가 명쾌한 답을 제시한다면 그것이야말로 우리가 오늘날 부끄럽게 읊조리는 '신령'보다 더 믿기 어려운 것이 아닐까? 신령은 우리가 그것을 파악하려 할 때마다 끊임없이 앎의 외변으로 밀려나는 그 무엇, 특히 생명이

37

라는 불가해한 현상을 설명하기 위해 불가피하게 가져다 쓰는 언어적 방편이 아닐까.

생명, 순환과 관계의 현실

흔히들 생명을 목숨이라고 부른다. 하지만 숨은 어느 개체의 목에 고정되어 있는 실체가 아니라, 목을 통해 개체 안팎을 들락거리는 들숨과 날숨의 활동을 가리킨다. 들숨은 날숨을 앞세우고 날숨은 들숨을 앞세우니, 이것은 생명체가 지니고 있는 순환의 표상이자 유기물과 무기물, 생물과 무생물이 안과 밖, 이것과 저것으로 달리 있지 않다는 관계의 표상이다. 그렇다면 '내유신령 외유기화'는 우리의 안과 밖을 숨이 들락거리며 안에 있으면 생명을 유지하게 하고, 밖으로 나가면 다른 것을 위한 힘, 즉 물질이나 에너지가 된다는 뜻이 아닐까?

그러므로 모신다는 것은 밖에 있는 어떤 절대자를 떠받드는 것이 아니라 내 안과 밖을 들락거리며 순환하고 맺어주는 생명활동, 그 원리를 우리가 중히 여긴다는 뜻이다. 또한 이렇게 무엇이 중한지를 깨달으면 사람들은 도니 진리니 하는 것이 내 안에 있는지 밖에 있는지, 동양에 있는지 서양에 있는지 찾기 위해 이리저리 기웃거리지 않고 제자리에 머물게 될 것이다.

제자리를 제대로 찾자면 자연과 인간과 또 인간과 인간일체가 하나

되는 속에서 "너는 뭐냐". 그렇게 되었을 적에 나라고 하는 존재는 고정적으로 있는 것이 아니라 일체의 조건이 나를 있게끔 해 준 것이지 내가 내 힘으로 한 게 아니다 이 말이야. 따지고 보면 내가 내가 아닌 거지.[2]

이제 우리는 '내유신령 외유기화 일세지인 각지불이'를 이렇게 풀어쓰고자 한다. "안에 숨겨진 숨결 내쉬면 힘이 되니 세상 사람들이 모두 알아서 한눈팔 일이 없다." 수운의 '모심'에서 해월은 '삼경'을 읽었고, 무위당은 해월의 삼경에서 '생명'을 읽었다. 우리가 생명을 신묘한 숨결로 읽었다고 해서 무슨 비전이나 종교적 계시처럼 여길 필요는 없겠다. 왜냐하면 우리는 무위당의 생명운동이 '뺑땅 사건'이라는 명확한 현실에서 출발했다는 것을 알고 있기 때문이다. 참다 참다 더 이상 참을 수 없는 지경에 이르면 불가해한 저항력을 펼치면서 안과 밖을 회통하게 만드는 이 숨결, 이 힘을 우리가 뺑땅 사건에 국한시킬 필요는 없겠다. 이것은 오히려 생명 활동의 일반적 형식이다. 수운과 해월도 자기 시대에 직접 목격했던 어떤 생명 현실이 있었으리라. 거기에서 모심과 삼감의 보편성을 읽어냈으리라.

2 장일순, 「나락 한알 속의 우주」, 녹색평론사, 1997년, 39쪽.

사회적, 아니 물질적 거리에 관하여

'사회적 거리두기'만으로 충분한가?

감염병은 우리로 하여금 사람과 사람, 사람과 사물, 물질과 비물질의 관계를 되묻게 한다. 감염병이 우리에게 강요하는 이 물음은 생태적이다. 왜냐하면 생태는 개체나 개물을 묻는 것이 아니라 그것들이 맺고 있는 관계를 묻기 때문이다. 이 물음에 현재 우리가 내놓은 대답은 사회적 거리두기이다. 하지만 사회적 거리두기는 우리 시대의 생태적 화두로서 충분한가?

생명사상이 극복하고자 했던 것은, 인간이 자신으로부터 자연을 날카롭게 베어내고 그것을 대상 삼아 자의적으로 분해 및 합성해도 좋다는 정당화 논리였다. 후쿠시마 원전 사고와 구제역 파동이 우리에게 주었던 충격은 이러한 이분법적 세계관에서 파생된 각 일말에 불과하다. 우리는 이외에도 많은 결과들을 이미 보았고 앞으로 무엇을 더 보게 될지 또한 알고 있다.

다시 묻는다. 우리는 지나치게 물질을 숭배하면서도 지나치게 물질을 경시하는 것이 아닌가? 물질이 한정되어 있기 때문에 귀하다는 것을 알면서도, 물질은 인간보다 열등한 것, 마음껏 조작하고 향유할 수 있는 일회적인 것이라고 여기고 있는 것은 아닌가? 내일 고갈될 것을 알면서도, 오늘은 마구 퍼내어 내 배를 채우겠다며 한눈을 팔고 있는 것은 아닌가?

이렇게 묻는 가운데 해월의 삼경이, 그중에서도 물경(物敬)이 있다. 공경한다는 것은 멀리 놓고 올려다보는 것이 아니다. 가까이 하되 시피보지 않고, 한번 보고 나서 다시 보는 것이다. 물질

장일순이 최시형의 피체지를 기념하고자 세운 '최보따리 비'(해월 최시형 기념비). 위에는 "모든 이웃의 벗 최보따리 선생님을 기리며", 아래에는 해월의 법설 가운데 한 구절이 새겨져 있다. "천지즉부모요 부모즉천지니 천지부모는 일체니라. 해월 선생님의 법설에서." 원주시 호저면 고산리 소재.

을 가까이 하되 시피보지 않는 것, 인간과 자연 사이에 마음을 두는 것, 그 사이에서 들락거리며 숨 쉬는 것. 혹시 이것이 해월이 말한 물경의 참뜻이라면, 오늘 우리에게 이보다 더 생생한 생명 현실, 이보다 더 막중한 생태적 화두가 다시 있을까?

사회적 거리만으로는 충분치 않다. 사람과 사람 사이에 대한 재고만으로는 충분치 않다. 인간(人間)은 물론이고 물간(物間)을 재고해야 하며, 인간과 물질 사이를 다시 보아야 한다. 사회적 거리는 이제 물질적 거리에 대한 각성으로 확장되어야 한다. 우리의 화두는 물질적 거리이다.

41

사회적, 아니 물질적 거리에 관하여

코뮌으로 만나자

황민호 『옥천신문』 상임이사

없다. 존재하지만 없다. 농촌 지역이 그러하다. 지역도 나름 은연중에 '등급'이 나눠지는데 郡(군)단위 농촌 지역이 가장 관심이 덜하고 그만큼 드러나지 않는다. 잘 보이지 않고 손에 잡히지 않는 사회를 재구성하는 것은 언론과 교육이다. 언론은 구체적으로 우리가 어떤 사회에 살고 있는가를 현현하게 실시간으로 보여주고, 교육은 어떤 사회에서 어떻게 살아야 하는가를 알려준다. 하지만 우리의 경우 국가적 이슈를 논하는 서울 언론과 국정교과서에는 지역 농촌이 거의 언급되지 않는다. 아예 무관심이다.

교육과 언론은 이 나라의 권력, 자본과 함께 시대의 동질성과 획일화를 유지시켜주는 도구가 되어버렸다. '화(和)'와 '불화(不和)'를 적절하게 섞어가며 정해진 프레임 안에서 사고를 유지시킨

42

다. 힘 있는 자들이 '희구'하는 안정을 꾀하도록 도움을 준다. 다수의 삶들이 얽혀 있기 때문에 쉽게 본질적인 문제 제기를 하는 것이 힘들다. 무지와 왜곡 속에 한참 경쟁력을 잃고 비껴나 있는 것들은 존재감을 잃어간다. 점차 사장되고, 그 흐름에 맞게 지워진다. 희소성으로 잠깐잠깐 곁다리로 다뤄지고, 대상화되어 다수를 위해 이용 소비하는 것으로 전락된 지 오래다.

농촌은 방송 뉴스에서 다뤄질 시간을 점유하지 못했고, 신문지면에서 머물 만한 공간을 찾지 못했다. 광활한 인터넷의 공간에서조차 특별한 검색어를 입력하는 수고로움을 보태지 않는다면 노출될 기회가 거의 없다. 간혹 '힙'하게 농촌 관광, 미모의 청년 농부, 특별한 마을, 대농-부농, 농촌 체험, 농특산물로 언급만될 뿐 그들은 지워지고 있다.

도시에서 농촌은 농산물을 생산하는 생산기지에 불과하고, 홈플러스나 이마트, 코스트코 등에 진열되는 농산물 원산지일 뿐이다. 단양 마늘, 무안 양파, 청양 고추, 옥천 포도, 공주 밤 등 각지역의 농특산물과 연계되어 지역을 기억할 뿐 지역 농촌은 철저히 지워져 있다. 요즘은 코로나19 때문에 뜸하지만, 인스타그램이나 페이스북 등을 통해 포스팅되는 해외 사진만큼도 등장하지 않는다. 쪽수로 움직이는 거창한 '선거 민주주의'에서도 불과 기백만 명 되는 농민의 목소리는 담겨질 개연성이 적다.

언론, 자본, 권력이 서울 도심 한가운데 똬리 틀고 있고 그 장벽을 수도권 도시들이 꽁꽁 에워싸고 있는데 농촌과 농업, 농민의 이야기가 전달될 틈이 없을 것이다. 그들 필요에 맞게 가공되

43

고 취사선택되어 틈새 뉴스로 간혹 소개되어질 뿐, 그들에게는 가락동 농수산물시장과 대형마트의 농산물 진열장이 아마도 농촌의 전부일지 모른다. 그리고 대부분은 관광과 경관(景觀)으로 소비된다. 드라이브 코스로 논과 밭이 보일 뿐이다. 특이한 계단 논이 있으면 사진 한번 찍고, 커다란 저수지가 있으면 한 바퀴 휘 돌아볼 뿐이다. 그것은 미디어에 의해 재생되고 굳어진다.

교육도 별반 다르지 않다. 대부분 도시에서 출퇴근하는 교사들이 아이들을 가르친다. 그런데 그들은 농촌을 잘 모른다. 교과 부문도 그렇게 짜여진다. 입시 위주로 짜여 있는 교육과정에 농업, 농촌, 농민, 그리고 지역이 들어갈 틈은 별로 없어 보인다. 그나마 있는 지역 교과도 틀린 정보 일색이다. 정규 교과과정을 졸업하고 사회에 진입하는 친구들이 농업, 농촌, 농민에 대해 무지하고, 지역을 떠나려 하는 것은 어찌 보면 당연한 귀결이다. 부모들은 어렵고 힘든 삶을 물려주지 않으려는 마음이 작동하고, 자식들도 어떻게 살아야 이 자본주의사회에서 생존할 수 있는가에 대해서 굳이 알려주지 않아도 체득한다.

지역 농촌을 고사시키는 음모는 여전히 진행 중이다

국가와 자본은 공모하고 있다. 지역 농촌을 어떻게 고사시킬 것인가에 대해…. 그런 음험한 음모는 정교하게 진행 중이다. 굳이 제스처를 취하지 않아도 어떤 흐름이 되어버렸으니까 티

44

나지 않게 망가트리도록 연약한 부분을 툭툭 건드리기만 하면
된다.

정부와 대기업, 언론들은 '스마트농업'을 '긍정적인' 가치로
위장하며 미래 농업의 방향이라고 툭툭 간을 본다. 스마트농업
에 묘하게 청년을 배치시키며 과학기술과 친환경을 접목한 미
래 농업이라는 이미지를 곳곳에 심으려고 애를 쓴다. 그리고 신
도시의 학교 설립 개연성을 농촌의 작은 학교와 연계시켜 광역
지자체별로 '딜'하라고 은근하게 압박한다. 폐교해야 하나 설립
해준다는 것으로 말이다. 통합하면 막대한 예산을 지원해주고,
중학교의 경우 통합 기숙형 중학교로 만들어준다는 당근을 하
나씩 밀어 넣는다.

아직 일말이나마 남아 있는 농업, 농촌, 농민에 대한 어떤 정
서적 연민(그것은 아직도 시골 출신 위정자와 자본가들을 비롯해 많은 도시민들
이 아직 품고 있는 어떤 희미한 향수)이 남아 있어서 이렇게 버티고 있을
뿐 시간이 흐르고 세대가 바뀌면 이마저도 없어질 것이다. 급격
하게.

농촌 폐교는 아마 그 전조가 될 가능성이 크다. 지금이야 1면
(面) 1교(校)를 유지하고 있지만, 학생수가 10명 미만이 되면 분교
가 되고, 분교가 되면 더 이상 예산 투자가 안 되고 폐교를 하는
수순에 들어서게 된다. 사실 분교 격하는 정서적 완충지대에 불
과하다. 폐교가 되면 그곳에 더 이상 학교가 세워지기 힘들고 가
뜩이나 고령화 비율이 높은 면 지역은 아이를 볼 수 없게 된다.
단지 아이만 볼 수 없는 것이 아니라 아이를 키우는 젊은 세대

45

들도 동시에 사라진다고 보면 된다.

농촌의 기본 단위인 면(面)부터 붕괴되고 있다

　농촌의 가장 기본적인 단위는 면이다. 면은 지리적, 정서적 일체감이 그나마 남아 있는 공간이다. 면 소재지를 중심으로 농협, 파출소, 소방대, 우체국, 면사무소, 학교 등을 공유하면서 관계가 만들어지고, 지금은 많이 사라졌지만 오일장이 열렸던 공간으로 서로 물물교환이나 거래가 이뤄지면서 지역공동체의 축적된 역사가 있는 공간이다. 하지만, 작금의 면 단위는 통합되고 없어지면서 만신창이가 되어가고 있다. 행정구역이 생활권을 일치시키지 않으면서 생활권과 행정구역이 이원화된 면 지역일수록, 그리고 인구가 적은 과소 지역일수록 기관이 통폐합되거나 사라지는 것이 뉴스거리가 되지 않을 만큼 비일비재하다. 소방서는 아예 면 지역에 주민들이 운영하는 의용소방대가 배치된 곳이 적지 않으며, 농협도 통합되고, 파출소도 통합된 곳이 많다. 통폐합에 가장 민감한 정서의 촉을 갖고 있는 곳은 학교이다. 학교는 유구한 역사를 갖고 있고 학교를 만들 당시부터 주민들이 땅을 희사했거나 대부분 졸업생이 주민이기 때문에 학생 수가 아무리 적더라도 학교가 갖고 있는 상징성은 참 크다. 학교의 폐교 결정은 재생산과 지속가능성에 사망선고를 내리는 것과 마찬가지이기 때문이다. 그런데 그 시간이 째깍째깍 점점 앞으로 다가

46

오고 있다는 것을 느낀다.

무뎌진 감수성, 농촌의 피폐에 일조한다

이제 원산지는 무색해졌다. 수입이건 로컬이건 마트에 농산물이 저렴한 가격에 제대로 진열만 되어 있다면 농업, 농촌, 농민이 어찌 됐건 별 신경 쓰지 않는 분위기다. 이래저래 지출하는 비용들이 많은데 농산물 가격조차 오른다면 당장 난리가 날 것이다. 사실 이 나라의 기층 민중의 삶을 버티게 해주는 것은 아이러니하게도 수십 년째 오르지 않는 쌀값과 농산물 가격이다. 정부는 주민들의 삶을 볼모로 잡고 대기업 식품가공업의 배를 불려주면서 사실상 농민들의 삶을 착취하고 있다. 농산물만 보고 농민들의 삶을 보지 않는다면, 농산물 값만 보고 농산물의 가치를 보지 못한다면, 이 나라 식량 자급 체계는 금방 무너질 것이다.

그러나 우리는 어려운 농민, 농업, 농촌을 살려보자는 타자화된 문제가 아니라 당장 우리의 식량 자급 체계가 무너질 수 있다는 우리 문제라는 것을 인식하지 못한다. 그 고리를 언론과 교육이 다 끊어놓았기 때문에 마트에서 식탁까지 거리, 온라인 쇼핑을 하는 배달 체계와 밥상과의 거리는 무지하게 가까워졌지만, 농촌이나 농업과의 거리는 아예 가늠조차 하기 어려울 정도로 멀어지고 있다. 멀어지다 보니 인지하거나 경험하지 못하고, 47

그러다 보니 감수성이 떨어지는 것이다. 지역 농촌에 대한 감수성이 떨어지니 마치 딴 나라 이야기처럼 들리는 것이다.

이것은 심각하다. 농업, 농촌이 식량은 물론, 환경과 관련해서도 지속가능한 지구를 만드는 데 완충 역할을 하고 있지만, 완충 지대의 공간이 점점 줄어들고 있다. 대부분 돈 되는 땅을 일구는 데 혈안이 되어 있기 때문에 여러 규제를 풀고 개발을 하여 땅값을 뺑튀기하는 부동산 열풍에 휩싸이는 순간 잃어버리는 것은 농지뿐만이 아니다. 우리의 전 지구가 위태로워지는 것이다. 농촌도 조금씩 도시화되어가고 있다. 읍으로 나오는 인구가 늘었으며 면은 더 쪼그라들고 있다. 읍에는 웬만한 프랜차이즈가 다 있을 정도로 도시의 작은 변두리처럼 서서히 변해간다. 아파트가 생기고 프랜차이즈가 곳곳에 만들어지는 이런 도시화가 개발과 발전의 표상처럼 인식되면 다른 삶은 불가능하다. 다른 삶, 지속가능한 삶에 대한 고찰 없이는 공멸하고 말 것이다.

정치는 이미 실패했다

정치는 이미 실패했다. 땅값이 서로 다르다는 것은 이미 정치의 실패다. 그것은 공직자들이 다주택을 팔고 1주택만 유지한다고 해서 바뀔 성질의 것이 아니다. 중심과 주변부가 존재하는 이상 땅값은 차이가 나게 마련이다. 땅값의 차이를 인위적으로 막는 것이 아니라 땅값 자체가 차이가 나지 않도록 고르게 살기 좋은 곳을 만들면 된다. 왜 늘 중심에 있는 사람들은 당연한 듯 모든 편의를 누리고, 변방에 사는 사람들은 늘 시간과 비용을 감수하며 그것을 누려야 하는가. 그것은 저열한 쪽수의 정치이고 이런 악순환이 반복되면서 굳어졌다. 사람이 많으니까 각종 편의 시설이 만들어지고 사람이 없으니까 등한시하는 것이 당연시되는 문화는 표로 심판하기 때문이다. 값은 가깝고 가치는 멀다. 도시에 아등바등 모여 사는 사람들은 당장의 땅값에만 관심이 있을 뿐, 멀리 사는 사람들의 삶이 어찌 되건 별로 관심이 없다. 중심부에 진입하는 것이 성공이라고 생각하고 진입하지 못하는 사람들은 능력이 없어서라고 평가한다. 모두가 평등한 세상을 만들기보다 차이와 차별을 벌리면서 특권을 누리려는 것을 권력과 자본이 조장한다.

'도시 vs 농촌'이라는 이분법적 도식 철폐, 이제 자립의 관점으로

에너지, 물, 식량 등 모든 부문에서 자립의 관점이 필요하다. 지방자치제가 시작되면서 지방자치단체의 자치와 관련해서는 어느 정도 인식되고 있지만, 자립의 가장 큰 부문인 '자급'과 관련해서는 요원하다. 아직까지도 중앙 집중의 방식, 대량의 방식에 익숙하다. 이는 효율을 근간으로 이루어진 근대의 기업 방식을 답습화한 결과인데, 집중보다 분산이 필요하다. '효율'과 '전문성'을 강조하며 '더 크게'를 강조한 결과 가장 중요한 '감수성'

과 '자기제어'를 잃어버렸다. 국가의 식량 자급이 실현되려면 각 지역의 식량 자급이 되어야 한다. 식량뿐 아니라 에너지, 수자원에도 이를 똑같이 적용해야 한다. 자급하지 않고 얻어 쓰기만 하면서도 너무도 당당했던 이 나라의 시스템은 혐오시설을 변두리로 내몰았다. 핵발전소가 세워지고 송전탑이 만들어진 곳노, 댐과 저수지가 만들어진 곳도 변방의 소외된 곳이다. 도시에서 전기도 많이 쓰고 물도 많이 쓰며 식량도 많이 먹는데 이것을 다 농촌에서 조달해서 쓰고 있다.

작금의 도시는 농촌을 희생시키면서 만든 산물이다. 마을을 수몰시켜 만든 댐에서 얻은 수자원으로 식수와 공업용수를 해결하면서 도시는 성장했다. 인근 농촌의 인력마저 다 앗아가며 기형적인 괴물이 되었다. 도시와 농촌의 이분법적인 구조를 탈피하여야 한다. 응당 도시는 이래야 하고, 농촌은 지래야 한다는 정형화된 인식들이 그 차이를 더 가중시켰다. 농촌, 농업, 농민을 존중하는 것을 넘어서 느껴야 한다. 존중과 배려의 가치도 소중하지만, 지근거리에서 알아야 하고 인식해야 한다. 그러기 위해서는 제도적, 정책적으로 각 지역별 에너지, 식량, 물 자급에 대한 고민을 해야 한다.

그런 의미에서 민족자결주의가 아니라 '지역자결주의'를 주창하고자 한다. 여기서 지역은 자동차로 30분 이내의 범위로, 쉽게 만나고 이야기 나눌 수 있는 생활권을 말한다. 생활권과 행정구역을 일치시키고 이를 자치와 자급의 공간으로 일궈야 한다. 도시에 논과 밭을 만들어 그들의 식량은 그들이 해결할 수 있도록 해야 한다. 도시에 그들이 쓰는 전기에 맞춰 발전소를 설립하여 그들의 전기를 스스로 제어할 수 있도록 해야 한다. 보(洑)가 수 생태계에 악영향을 준다면 댐도 마찬가지다. 물은 흐를 수 있게 해야 한다. 각자의 물은 각자의 지역에서 고민해야 한다. 도시와 농촌의 이분법을 과감히 버리고 자립이 가능한 지역으로 우리 는 뜨겁게 만나야 한다. 그래야 서로를 착취하지 않을 수 있다. 대상화하는 것을 버리고, 주체적으로 사유할 때 삶은 진일보한 다. 자립에서 그치는 것이 아니라 끊임없이 협동과 연대란 가치 가 움직거려야 한다. 어려운 지역은 스스로 일어설 수 있도록 보 충성의 원리로 지원해줘야 한다. 자립한 지역이 공통의 가치로 연결되며 공동 행동에 나설 때 사회는 변화할 것이다.

국가와 자본의 틈바구니에서 우리의 사회를 찾자

'사회'는 없어졌다. 사실상 소멸된 거나 진배없다. 국가와 개 인, 자본과 개인이 있을 뿐이다. 사회의 공간과 자리는 협소해져 찾아보기 힘들다. 우리가 만나는 관계들이 중첩되고 모여져서 우리가 그리는 사회를 결성해야 한다. 관계들이 모여 만든 사회 가 체계를 부리고 자본을 제어할 때 사람다운, 생명 있는 사회가 만들어질 텐데 작금엔 요원하다. 모래알처럼 흩어져서 언론 등 에 한 개인으로 적절하게 호명될 뿐이다. 소비자와 유권자로 전 락하여 물건을 사고 투표를 하는 정도의 역할밖에 하지 못하는 51

것이다. 소비자와 유권자를 넘어서서 한 사람의 주민으로서 우리는 뜨겁게 만나서 사회를 다시 구축해야 한다. 모이고 모여 우리의 의제를 만들어야 한다. 눈에 보이고, 손에 잡히는 사회를 만들려면 지역을 봐야 한다. 자주 만날 수 있고, 공통의 이야기를 나눌 수 있고, 공동 행동을 할 수 있는 지역사회를 우리는 재구축해야 한다.

'생활권 중심의 지역사회'가 구체적인 코뮌이 될 수 있다. 일상의 민주주의가 그렇게 구현되어야 한다. 그런 지역사회가 구축되고 서로 다른 지역사회가 만날 때 많은 창의적인 힘들이 샘솟을 것이다. 선거 민주주의에만 매몰되지 말고, 체계 정치에만 온 신경을 쏟지 말고, 부동산 투기나 어떻게 돈을 벌 것인가만 고민하지 말고, 실시간으로 마주하는 구체적인 우리 공간의 삶에 대해 고민을 하기 시작할 때 변화는 시작될 것이다.

옥천의 대안운동

옥천은 금강 상류지역 농촌이다. 지역 주민들이 원하지 않던 댐으로 인해 많은 마을이 수몰되고 개발제한구역으로 묶였으며, 매년 인구가 줄어들고 고령화되고 있는 전형적인 농촌이다. 옥천운동의 특징은 오랫동안 끈질기게 해왔다는 것이다. 특출난 사람이 부각되기보다 유유히 심해에서 흐르는 물결처럼 주민들의 생활운동으로 흘러왔다. 자치의 관점에서 볼 때, 1989년 주민들이 돈과 마음을 모아 『옥천신문』을 만들었고, 자급의 관점에서 볼 때 1990년 옥천군 농민회가 만들어지면서 분화되어 다른 결로 '옥천살림협동조합'이 만들어졌다. 각각 자치와 자급의 부문에서 낮은 곳으로 끊임없이 흘러 단단하게 땅을 다져왔으며 지역의 방향과 비전에 대해 고민해왔다. 환경적인 부분도 간과할 수 없는데 도시의 환경운동연합이나 녹색연합에 예속되지 않고 주민과 생태가 같이 살 수 있는 '대청호주민연대'를 만들어 공존·공생에 대한 화두를 끊임없이 던졌다. 대청환경농민연대와 금강유역환경회의까지 같이 만들어 참여하면서 고립된 지역이 아니라 행정구역을 넘어서서 같이 연대하는 지역의 모델을 만들었다. 충청남북도와 전라북도를 아우르는 금강 유역 공동체의 씨앗을 일궈낸 것이다.

옥천운동은 여전히 진행형이다. 선거에 참여해 권력을 쟁취하며 만들어내는 운동 방식이 아닌 아래로부터 끊임없이 요구하며 만들어낸 주체적인 방식은 기존의 운동 방식과 궤를 달리한다. 집권하지 않고 권력을 깨뜨리고 눕히면서 민(民)의 존엄성을 회복하는 방식으로 운동을 진행했다. 옥천의 작지만 단단한 운동 방식이 이 글을 풀어내는 데 많은 영감을 주었고, 실제 실현할 수 있다는 것을 보여준다. 많은 다양한 지역들이 분연히 떨쳐 일어나길 희망한다. 지역의 이름으로 뜨겁게 만났으면 좋겠다.

지금 우리에게 필요한 이야기를
어떻게 만들 것인가

저는 몇 해 전부터 역사 쓰기 모임을 하고 있습니다.

········· 이영남 한신대 한국사학과 조교수

저는 몇 해 전부터 역사 쓰기 모임을 하고 있습니다. 몇 명이 둘러 모여 앉아 6개월 내외의 시간 동안 자기가 살아온 시간을 찬찬히 돌아보며 '나의 역사'를 쓰는 것입니다. 같이 썼던 동무들은 10대 고등학생들, 20대 대학생들, 할머니들, 농부들, 자살자 유족들, 탈시설 장애인들(장애 시설에서 나와 지역에서 거주하는 장애인들), 미주 한인 동포들, 그리고 이런저런 인연으로 모인 사람들입니다.

쓴다고 해서 세상이 달라지는 것은 아닌 것 같습니다. 때로 삶의 전환기에서 나의 역사를 쓰던 동무들은 직장을 옮기기도 하였지만, 멀리서 보면 동무의 일상은 아무 일 없던 듯 여전히 그대로였습니다. 그러나 쓴다는 것이 필요할 때 그것이 우리를 자유롭게 해주기는 했습니다. 나는 어떻게 지금의 나가 되었으며,

지금의 나로 산다는 게 왜 이리도 간단치 않단 말인가. 이런 질문을 마음에 품고 쓰는 시간 동안, 동무들은 의외로 쓰는 만큼 자유로울 수 있었습니다. 그것은 아마도 자신이 누구인지 살피는 데 새로운 관점을 얻게 되고, 이를 토대로 자신을 대하는 태도가 조금은 달라지는 효과 때문일 겁니다. 그리고 다른 사람의 이야기를 듣는다는 것에서 오는 특별함 때문일 겁니다.

인간에게 이야기는 본능이라고 합니다. 이야기를 하면서 우리는 자기 삶을 바로 볼 수 있습니다. 그리고 이야기를 들으면서는 다른 사람과 연결되는 체험을 하게 됩니다. 이런 연결성에서 유대감, 연대감, 지지가 나옵니다. 여러 사람이 모여 앉아 이야기를 한다는 것은 타인의 이야기를 듣는다는 것을 의미합니다. 타인은 살아가면서 자신과 관계 맺는 상대를 말합니다. 타인은 '어떻게 살아야 할까' 하는 질문을 던지는 존재이기에 도덕의 원천이 됩니다. 타인의 이야기를 듣는 것의 의미는 여기에 있다고 봅니다. 사실 자기 이야기는 상담실에서도 할 수 있습니다. 그러나 타인의 내밀한 이야기를 들을 수 있는 자리는 흔치 않습니다. 그 사람이 살아온 시간을 같이 되짚어가면서, '아 이 사람은 이렇게 살아왔구나' 인식하게 되는 것은 낯선 경험입니다. 다른 사람의 이야기는 내 삶의 현미경이 되어줍니다.

코로나가 닥쳐와 새로운 삶을 요구하는 요즘입니다. 지금 우리에게 절실히 필요한 것은 '타인'이라는 생각이 듭니다. 역설적으로 들릴 줄 압니다. 비현실적일 수도 있을 겁니다. 모여 앉는다는 것은 감염의 위험이 있을 뿐더러, 이번 상황이 기폭제가 되어 비대면 문화가 더 확산될 거라는 전망이 우세하기 때문입니다. 아마도 향후 사회의 전반적인 변화는 이런 추세에서 크게 어긋나지는 않을 것 같습니다. 그런데 코로나는 적자생존의 극심한 경쟁문화를 타고 우리에게 온 것이 아닐까 합니다.

우리 사회에서 타인은 괜찮은 관계를 맺어야 할 상대가 아니라, 무시해야 하거나, 나의 이익을 위해 이용해야 할 대상으로 취급되고 있습니다. 비정규직은 50%를 넘어섰고, 아웃소싱 사업 문화는 사회 전반으로 퍼지고 있습니다. 자기 스스로 일을 처리하기보다는 타인을 편의적으로 이용하여 일을 처리하는 식입니다. 인구의 상당수는 아파트나 빌라에 살고 있습니다. 이런 사회적 환경에서, 나와 만나는 상대는 내 삶으로 받아들여 친밀한 관계를 맺는 사람이기보다는 이용과 착취의 대상이 됩니다. 이 경우, 상대의 말을 들어야 할 이유는 없습니다. 더 많은 힘을 가진 쪽의 일방적 지시만 있기 때문입니다.

요즘은 밀폐된 공간에서 누군가 마스크를 쓰지 않았거나 기침이라도 하게 되면 극도의 불안감을 느끼게 됩니다. 그들은 전염병 감염원이 되고 공공의 적이 됩니다. 저는 이런 상황이 일시적이라기보다는 조금 극단적일 뿐, 양상은 비슷하지 않았나 하는 생각이 듭니다. 타인을 배제하고 적대시하는 양상이 우리 사회의 규범이 되지 않았나 하는 생각이 들 때면 서글퍼집니다. 일상의 곳곳에서 만나는 존재에 대해 우리는 관심이 있는지, 그 사람을 한 사람의 인격으로 존중하고 있는지 의문이 듭니다.

56 　직장에서, 거리에서, 어떤 일을 추진하는 과정에서, 심지어 여

행지에서조차 옆에 있는 사람은 불신의 대상, 통제의 대상이 된 것 같습니다. 우리는 어느 순간부터 서로의 눈을 마주치지 않습니다. 우리는 상대에게 눈길을 주기보다는, 눈길을 의식적으로 피함으로써 "너하고 상대하고 싶지 않아, 너하고 상대할 일은 없어"라는 메시지를 발신합니다. 양보와 배려는 바보의 행동이 된 것 같습니다. 규칙을 어기면 극단의 공격이 시작됩니다. 비판은 필요하지만, 비판 대신 극단적인 공격이 먼저인 것이 사회적 현실입니다.

유엔(UN)이 발표하는 세계행복보고서(World Happiness Report)에 따르면, 한국 사회에서 취약한 분야는 첫째가 사회적 관계(어려울 때 도움을 청할 수 있는 사람)이고 둘째는 개인의 자유로운 의사결정과 선택의 빈곤입니다. 개개인이 고유한 인격을 가진 존재라는 점, 그것이 존중을 받는다는 것은 자신이 상대하는 사람의 말에 귀를 기울여야 한다는 점일 것 같습니다. 그러나 현실은 암울합니다. 눈길을 피한 채, 다른 사람의 이야기를 듣지 않으려는 문화 속에서 우리는 살고 있는 것이 아닌지 의문이 듭니다. 많은 것이 일방적으로 흘러갑니다.

이런 사회적 현상에 대한 원인은 한둘이 아니겠지만 구태여 언급하고 싶은 것이 있습니다. 그것은 '공감'하는 문화의 부재입니다. 상대방을 그 존재로서 궁금해하고, 그 사람이 어떤 말을 하고 행동을 할 때 그런 데에는 이유가 있을 것이기에 왜 그런 것인지 물어보는 것, 그 마음이 어떤 것인지 들어보는 것, 이런 공감의 문화가 빈약한 데서 문제는 악화되는 것 같습니다. 57

역사 쓰기 모임은 자기 역사를 쓰는 시간이기도 하지만, 다른 사람의 역사를 듣는 시간이기도 합니다. 만약 6명이 참여한다면 그 시간 동안 자기 외의 다섯 사람의 이야기를 들을 수 있습니다. 6개월 동안 찬찬히, 깊숙하게 누군가의 이야기에 귀를 기울였습니다. 자기 역사를 말하기 위해서는 상대방의 역사를 들어야 합니다. 어떤 존재에 대한 존중감은 그 사람의 이야기를 듣는 시간에 자란다는 것을 알 수 있었습니다.

사실 역사 쓰기 모임의 더 큰 흐름은 이야기 작업입니다. 우리 사회 곳곳에서는 여러 명이 모여 앉아 개인의 이야기를 듣는 자리가 제법 있습니다. 제가 경험한 이야기 모임을 소개해본다면, 농촌 여성들이 모여 앉는 '홍동 허스토리', 국가 폭력에 의해 부당하게 고문을 당한 고문 피해자들이 이야기를 나누는 '마이데이 맘풀이', 일상에서 우리가 하는 말 속의 폭력을 발견하고 그것을 평화로 전환하기 위한 모임인 '비폭력 대화 모임' 등입니다.

각각의 방식은 다릅니다. 그러나 공통점이 있습니다. 여러 명이 모여 둘러앉는다는 것, 한 사람 한 사람의 이야기를 찬찬히 듣는다는 것입니다. 여성으로 산다는 것의 어려움에 대해, 국가 폭력에 의해 고문을 당하면서 겪은 고통에 대해 말하는 것이 그리 간단한 일은 아닙니다. 그러나 이야기를 할수록 고통으로부터 자유로워질 수 있고, 그만큼 연대하고 지지하는 힘이 생깁니다. 비폭력 대화모임의 경우에는, 우리가 일상적으로 나누는 대화에 스며 있는 폭력에 대한 성찰과 이를 개선해나가기 위한 실

58

천적인 운동입니다. 모임을 통해 자기 안의 욕구를 파악해서 말할 수 있으며, 동시에 상대방의 욕구를 들을 수 있습니다.

타인을 비판하는 언어도 있습니다. 대표적인 것이 논쟁입니다. 민주주의를 위해서는 논쟁이 필요한 것이 사실입니다. 그러나 논쟁은 이야기를 만들지는 못합니다. 서로의 존재를 인정하고 주목하며 귀 기울이는 대화에서 비로소 이야기는 나옵니다. 대화와 논쟁은 다음과 같이 구분할 수 있습니다.

논쟁	대화
자기 관점을 부각시키고 상대 관점을 폄하한다. *** 상대를 이기는 것이 목적**	타인의 관점을 이해하고, 자신의 관점은 유보한다. *** 상대를 배우는 것이 목적**
상대의 주장에서 결함을 찾기 위해 듣는다.	경험이 그 사람 신념에 어떻게 영향을 미쳤는지, 상대를 이해하기 위해 듣는다.
상대 경험이 왜곡되거나/ 타당하지 못하다고 비판한다.	상대 경험이 진실하며 타당한 것으로 수용한다.
자기 의견을 고수하려는 강한 의지	자신의 이해를 넓히려는 태도
상대의 동기와 입장에 대한 추측을 바탕으로 말한다.	자신이 이해한 것과 경험을 바탕으로 말한다.
참여자들은 서로 반대 입장을 취한다. 상대가 옳지 않다는 것을 입증하려고 노력한다.	참여자들은 공통의 이해를 위해 협력한다.
상대방이 겁을 먹게끔 분노와 같은 격한 감정을 사용한다.	경험이나 믿음의 강렬함을 전달하기 위해 분노와 슬픔과 같은 격한 감정을 사용한다.

『공동체를 세우는 대화 기술』 중

대화와 논쟁을 비교해보면 첫째로 정서가 다릅니다. 논쟁의 정서는 효율인데 반해 대화의 정서는 사랑입니다. 둘째, 출현하는 말이 다릅니다. 논쟁에서 상대의 언어는 반박의 대상이기 때문에 자기 언어를 강화하는 식으로 상대를 공략합니다. 이런 식으로 논쟁을 할 때는 각자 자기 세계에서 자기의 이야기를 강화하게 됩니다. 반면, 대화는 상대의 언어를 수용해서 이를 사용하는 것입니다. 상대를 수용하려면 상대의 세계를 인정하고 그 안으로 들어가야 하기 때문입니다. 그렇게 대화는 천천히 상대의 세계로 걸어 들어가 상대의 이야기를 들으면서 교분을 쌓는 시간입니다. 셋째, 양자는 목적하는 바도 다르고 효과도 다릅니다. 논쟁의 목적은 상대를 굴복시키는 것입니다. 승자가 되는 것이 논쟁의 목표입니다. 반면, 대화의 목적은 상대와 관계를 형성하는 것입니다. 사회에는 갈등이 있습니다. 따라서 갈등을 관리하는 건강한 논쟁을 부정하는 것은 아닙니다. 민주주의에 필요한 논쟁 문화에 대해서는 따로 논의해야 할 것 같습니다.

대화의 문을 여는 것은 윤리적 충동일 것 같습니다. 어떻게 사는 것이 올바르게 사는 것인가, 어떤 삶이 좋은 삶인가, 이런 윤리적 질문이 있어야 배움이 가능해지기 때문입니다. 상대보다 자신이 우월하다고 생각하는 사람은 상대를 가르치려 할 뿐 배우려고 하지 않습니다. 그럴 때 상대는 무가치하고 한심한 대상

* 리사 셔크 · 데이비드 캠트, 진선미 옮김, 「공동체를 세우는 대화 기술」, KAP(Korea An-abaptist Press), 2015.

이 될 수밖에 없습니다. 누구나 자신이 무시당한다는 느낌이 들거나 상대가 나를 공격하는 태도를 보이면 논쟁으로 들어가게 됩니다. 그러나 배움은 윤리적 상황에 직면하는 것, 모르는 것에 질문을 던지고 삶을 탐구하는 것, 그동안 자신을 지배했던 가치에 의심을 품고 타인의 삶으로 걸어 들어가는 것, 혼자서 사색하기보다는 타인의 삶에 들어가 대화를 나누는 것입니다. 배움은 상대가 누구이든 그 사람을 동무(대등한 관계)로 삼을 때 가능할 것 같습니다.

대화는 상대가 하는 이야기를 차분히 듣고 그 사람을 이해하는 것이라고 했습니다. 대화하는 사람은 자신의 관점은 유보한 후, 그 사람이 말하는 경험이 그 사람의 세계관에 어떤 영향을 끼쳤는지 듣게 됩니다. 대화를 통해 우리는 타인의 경험을 존중하고 습득할 수 있습니다. 우리 사회에 필요한 것은 상보적이고 협력적인 관계라고 생각합니다. 이를 위해서는 서로의 이야기를 듣는 문화가 필요할 것 같습니다. 일상의 곳곳에서 다양한 대화가 있다면, 다양한 이야기가 만들어질 수 있을 겁니다. 대화의 시간, 이야기를 듣는 시간이 좀 더 많아지면 좋겠습니다.

굵직한 담론에 대해서는 말하지 못했습니다. 분명히 굵직한 담론이 필요한 시점이며 이럴 때일수록 시대를 전환하는 거시 담론이 필요하다고 봅니다. 다만, 이 글에서는 그에 대해 말하기보다는 한 개인의 이야기가 갖는 의미에 대해서만 말했습니다. 그가 누구이든 인격적 존재가 되기 위해서는 자기 이야기를 할 수 있어야 할 것 같습니다. 듣는 사람이 있어야 말하는 사람이

61

가능합니다. 자기 이야기를 한다는 것은 그 전에 먼저 타인의 이야기를 듣는다는 것을 의미합니다. 대화를 나누며 이야기를 듣는 시간이 필요할 것 같습니다.

사회적 거리두기에 대한 성찰

—김은성의 『내 어머니 이야기』에서 찾은 문명의 시원

········ 이동준 이천문화원 사무국장

어머니는 참 곱게도 늙으셨다…

4월 6일. 코로나가 한창 기승을 부리던 때, 어머니가 쓰러지셨
다. 올해로 아흔다섯이신 어머니는 참 곱게도 늙으셨다. 자기 관
리에 철저하셔서 신변을 빈틈없이 정리하고 계셨다. 책상과 침
대는 단정하기 그지없었고 장롱과 서랍을 열어보면 특유의 완
벽주의가 실현되어 있었다. 특히 건강 문제에 신경을 많이 쓰셨
는데 살짝만 다치셔도 화들짝 놀라 어서 병원엘 가자고 성화셨
다. 그런 어머니셨는데 어느 날 긴 장맛비에 천년 고목이 쓰러지
듯 코로나가 창궐하자 어머니는 우지끈 쓰러지셨다.

어머니는 젊은 날 내가 싫어져야 할 천형(天刑)이었다. 아마 누
님들에게도 그러하였으리라. 첫째 누님은 대학생 시절 어머니와

63

대판 전쟁을 치르고 시집을 갔다. 한 움큼의 머리털을 어머니에게 뽑히고 나서야 이룬 독립이었다. "이년아, 니 애비가 중풍으로 집 안에 누워 있고, 니그 동생들 줄줄이 학교 다니는 마당에 어디 시집간다는 말이 나와? 내 뼈 빠지게 일해 대학 보내놨더니 학생이 졸업도 안 하고 시집간다고? 이 배은망덕한 년아!"

위로 누님들만 있는 막내이자 외아들이었던 내게 결혼의 제일 조건은 어머니를 모시고 살아야 한다는 것이었다. 가난하고 홀어머니에 독자인, 지극히 좋지 않은 조건을 구비한 나에게 결혼 상대를 고르는 기준이 있었으니, 첫째, 믿음이 좋은 여성일 것, 둘째, 어머니를 끝까지 봉양할 것, 셋째, 남편을 끝까지 믿어줄 것, 이 세 가지였다. 신앙심이 없다면 얼마 버티지 못하고 달아날 게 뻔했기 때문이다. 그런데 이 까다로운 기준을 모두 충족하는 여인이 있었으니 바로 지금의 아내였다.

홀어머니는 집안에 며느리를 들일 때 과도한 기대치를 갖는다. 하나밖에 없는 아들을 빼앗긴 데 대한 보상 심리 때문이리라. 그 기대치가 충족되지 않으셨던지 어머니는 며느리를 쥐 잡듯 하셨다. 사사건건 트집을 잡고 큰소리로 꾸짖거나 면박을 주기가 다반사였다. "소라도 잡을 나이에 젊은 애가 왜 그리 비실대는 거냐?", "콩만 한 것이 집안에 들어와 되는 일이 하나도 없구나.", "일은 왜 그리 설경설경하니? 쯧쯧, 대체 집에서 뭘 배워 온 게냐?" 눈 내리는 추운 겨울날 집에서 내쫓겨 쓰러진 경우도 있었는데 그런 일마저도 어머니에게는 가증스런 연기로 보여 집안을 망신 주는 요망한 년이라면서 분을 삭이지 못하셨다.

64

어머니가 쓰러지신 건 이번만이 아니었다. 십년 전 갑작스레 치솟은 당뇨로 쓰러지신 후 회복의 기미가 없자 의사는 어서 퇴원해서 준비를 하라고 했다. 그런데 집에서 한 달 만에 어머니는 기적적으로 회복했다. 처음엔 어머니에게 자주 헛것이 보였다. 검은 도포를 입은 사람이 왜 내 침대에 앉아 있냐고 어서 쫓아내라고 흥분을 하셨다…. 집에서 어머니가 죽음의 문턱을 오고 간 그 한 달의 기간은 아내에겐 모든 것을 포기하고 참아내고 자기를 죽이는 극한의 수련이기도 했다.

그런 혹독한 시련을 통과하고 나서야 어머니는 며느리에게 아주 쪼금 마음의 문을 여셨다. 어머니가 당신의 이야기를 며느리에게 들려주신 것도 그즈음이었다. 어머니가 당신의 이야기를 들려주신다는 것은 당신을 정리하셨다는 뜻이다. 당신의 삶에 맺힌 아픔과 고통을 자신의 삶으로 기꺼이 받아들이고 이제는 더 이상 숨길 필요가 없겠다는 고백이다. 그렇게 길게 길게 이어진 어머니의 이야기 속에 이제까지 알았던 그 시어머니가 아니라 파란만장한 삶의 흔적을 지닌 한 여인의 삶이 있었다. 그 인생과 마주하면서 며느리는 흐느끼지 않을 수 없었다. 그렇게 내 아내는 어머니의 진짜 며느리가 되었다. 아니, 딸이 되었다.

그후 어머니는 은혜로운 권사님의 자애로움을 얼굴에 새기셨다. 새로운 습관도 생기셨는데 바로 '성경 필사'였다. 건강을 위해서 치매 예방에 도움이 된다는 이유로 구약과 신약을 쓰기 시작한 것이다. 다 쓰시는 데 1년이 꼬박 걸렸다. 그렇게 제일 먼저 쓰신 필사본은 첫째 딸에게 가보로 물려주었다. 두 번째 필사

『다락방』필사 작업이 낙이셨던 어머니의 일어 필사 노트

본은 둘째 딸에게 물려주었다. 그리고 세 번째 필사본은 며느리에게 돌아왔다.

　단지 어머니에겐 새로운 목표가 필요했다. 일제강점기에 일본말로 교육을 받으셨기에 일어로 된 성경을 필사하시면 어떻겠냐고 해서 이번엔 일어 성경 필사에 도전하셨다. 그 후로는 길고 지속적인 필사 목표를 세우셨다. 묵상집인『다락방』(대한기독교서회) 일어판을 매일매일 필사하시는 게 어머니의 목표요, 하루 몫의 즐거움이셨다. 퇴근 후 어머니 방문을 빼꼼히 열면 어머니는 어김없이 책상에 앉으셔서 돋보기를 들고 필사 중이거나 모르는 일어 한자 단어장을 만들어 아들에게 뜻을 물어보시곤 했다.

두 눈엔 총기가 늘 반짝반짝하셨고 백내장 수술 후엔 시력도 몹시 좋아지셔서 화장실과 거실 바닥의 먼지 닦는 일에 매진하셨다. 최근엔 머리 뒷부분에 검은 머리가 나기 시작하셔서 우리 어머니 회춘하셨나 보다 웃음을 자아내기도 했다. 그런데 코로나가 왔다. 건강에 지나친 조바심이 있으셔서 혹여 감염이 되실까 봐 바깥나들이를 전혀 안 하셨다. 그러다가 4월 6일, 우지끈 쓰러지신 것이다. 이번엔 다시 회복하실 수 있을지 의문이다. 대소변도 튜브로 하시고 음식도 영양관으로 공급해야 한다. 요양병원으로 옮기신 후에는 기저질환 노약자 감염을 우려해서 면회도 유리창 너머로 겨우겨우 하고 있다.

늘 그 자리에 있었고, 또 그 자리를 지켜온 존재. 그래서 고마운 줄 모르고 그냥 무시해버렸던 존재. 돌이켜보면 어머니는 내 인생에 자양분이라기보다 언제나 짐으로 느껴온 그런 존재였다. 하지만 어느 날 송편을 빚으며 우스갯소리로 청해 들었던 어머니의 유년 시절, 전쟁 통에 헤어졌던 (전)남편이 집에 돌아와 보니 다른 여자를 데려와 살고 있더라는, 수틀리면 가출을 일삼았던 남편을 찾으러 자식을 들쳐 업고 거리를 헤맸다는 이야기들 속에서 매몰차고 괴팍스런 어머니로만 알았는데 당신도 역시 한 사람의 인간이었다는 것을 알았다. 당신도 사실은 소리 없이 울고 있었고, 애써 그 모습을 감추려 더 고약하게 성질을 부리셨다는 것을 뒤늦게야 깨달았던 것이다.

아마도 그것이 우리의 엄마를 발견하게 되는 순간이 아닐까. ₆₇

어느 어머니가 그런 사연이 없으실까. 자식을 위해서라면 어떤 멸시와 모욕도 기꺼이 참아내는 인내의 고수···. 김은성의 『내 어머니 이야기』[1]를 읽는 일은 한 사람의 가족사와 삶의 이야기를 나같이 자격 없는 사람이 듣게 되었다는 죄스러움을 마음속에 불러일으켰다. 그 미안함은 내가 나의 어머니를 그동안 한 사람의 인간으로 정당하게 인정하거나 바라보지 못했고, 오로지 무거운 짐으로만 받아들였다는 회한으로 다시 다가왔다. 그런 마음의 빚 때문이었을까 이 책의 서평을 쓰는 일은 바로 나의 어머니의 이야기를 속살처럼 드러내지 않는다면 정당한 글쓰기가 될 수 없다는 자각이 들었다.

성찰적 거리두기 : '낯설게 마주하게 된' 내 어머니

『내 어머니 이야기』를 소개받았을 때 참으로 난감했다. 이번 경기도문화원연합회 웹진 『경기문화저널』의 주제가 '코로나로 인한 시대의 전환'인데, 웬 어머니에 관한 책을 골라 서평을 쓰라는 것일까? 더구나 만화책이라니. 4권으로 된 이 만화책을 읽다가 내가 그만 엎드러진 것은 책의 첫 부분인 '프롤로그'에서였다. 프롤로그는 1908년 외할머니, 그리고 여섯째이던 엄마의 내

---

68   1   김은성, 「내 어머니 이야기」, 문학동네, 2020.

력부터 시작한다. 열여섯 나이로 시집온 외할머니(이초샘)는 심술
궂은 시아버지, 시누이 둘, 자식 다섯에 남편까지 아홉 식구 뒷
바라지를 하며 살아야 했다. 성깔 사나운 시아버지의 비위를 맞
추면서도 그녀는 한없이 시아버지의 투정을 모두 받아냈다.

　시아버지가 언제부턴가 시름시름 앓기 시작하자 며느리는 지
극정성으로 간호했다. 하지만 노인네의 병세는 좋아지기는커녕
더 심해져만 갔다. 마음이 어진 며느리는 갓난애에게 먹이던 젖
을 짜서 노인네에게 먹였다. 여러 차례를 해보았지만 아무래도
가망이 없어보이자 며느리는 마지막 방법으로 시아버지에게 자
신의 젖을 물렸다. 그렇게 몇 달을 젖으로 연명하던 시아버지는
어느 날 잠시 눈을 뜨고는 그동안 며느리를 못살게 군 것을 아
무한테도 말하지 말아달라는 말을 남기고 죽었다. 자신의 잘못
을 뉘우치고 허물을 덮어달라는 시아버지의 유언이 뇌리에 깊
게 남는다.

　이렇게 많은(그 후 자녀 둘을 더 낳는다) 식구를 건사하며 조상까지
수발하고 살았던 외할머니의 삶은 김은성 작가의 어머니(놋새)의
삶에도 그대로 투영된다. 김은성 작가는 마흔이 되어서야 당신
의 어머니를 발견하게 되었다. 하지만 뒤늦게 발견한 어머니는
예전에 알았던 그 엄마가 아니었다. 권력에 고용되어 기록으로
남겨진 실록(實錄)을 누가 객관적인 역사라고 했던가. 권력의 역
사와는 전혀 다른 차원에서 몸으로 겪어낸 체험의 역사, 피와 살
로 마져지는 민중의 역사는 고스란히 한 사람 한 사람의 체험이
모여 거대한 물줄기를 이루는 역사로 한 장면 한 장면 우리 앞

69

에 생생하게 펼쳐진다.

김은성의 『내 어머니 이야기』는 만화라는 독특한 방식으로 재현해낸 또 하나의 '민중자서전'이다. 그리고 사십 대의 딸과 팔십 대의 엄마가 대화를 나누면서 꼬박 십 년의 세월을 바쳐 완성한 구술 작업이기에 그 공감의 폭은 더 깊다. 그래서 아주 독창적이다. 엄마의 생애는 비록 한 개인의 이야기이지만, 우리 근현대사의 백 년을 하나하나 보여주는 살아 있는 증거로 다가온다. 하지만 이런 어머니의 삶은 요즘 세대의 여성들이 절대적으로 거부하는 삶이기도 하다. 누가 이런 인습과 사회적 굴레를 쓰고 저리도 인내하며 평생을 살 수 있을까. 그렇게 부인하려 하지만 책의 마지막 대목에 이르면 작가와 어머니는 사이좋게 이불을 같이 꿰매는 장면에 이른다. 닮았다. 어찌 그리도 닮았을까. 외할머니와 어머니가 닮았던 것처럼 어머니와 작가의 삶도 하나로 오버랩된다.

러시아의 빅토르 슈클로프스키(Viktor Shklovski)는 1916년 발표한 「기법으로서의 예술」이란 글에서 예술의 목적을 "자동화된 인식 체계를 비틀어 새롭게 느끼게 하는 데 있다"고 말했다.[2] 일상화되고 타성에 젖어 바라보는 대상을 낯설게 보이도록 함으로써 새롭게 인식하게 만드는 장치로 그가 제시한 것이 바로 '낯설게 하기(ostranenie, defamiliarization)'다. 독일의 극작가 브레히트

2   빅토르 슈클로프스키. 츠베탕 토도로프 편, 김치수 옮김, 「기법으로서의 예술」, 『러시아 형식주의 : 문학의 이론』, 이화여자대학교 출판부, 1981. 78~103쪽.

(Bertolt Brecht)가 말한 '거리두기(Verfremdungseffekt)'와도 통한다. 『내 어머니 이야기』가 감동을 주는 것은 내가 알고 있던 익숙한 어머니를 밀어내고 이제까지 몰랐던 어머니의 '민삶'을 마주하게 했기 때문이다. 우리 사회의 지배 이데올로기가 강요해온 이미지로만 어머니를 알아왔던 것이다. 이제 그 익숙함의 함정에 우리 자신이 더 이상 함몰되지 않도록 깨어나야 한다.

2020년 3월 11일 세계보건기구(WHO)는 마침내 팬데믹을 선언했다. 2019년 겨울에 시작된 코로나19가 급속히 퍼져나가면서 우리 인류가 내놓은 대항 방식은 마스크 쓰기와 사회적 거리두기였다. 매일매일 확진자와 사망자 수가 시간 단위로 올라오고 그 숫자가 갱신되면서 인류의 사회 시스템은 속절없이 무너졌다. 대책은 가능한 한 집 밖으로 나오지 말고 사람과의 접촉을 피하라는 것이었다. 공연도, 전시도, 온갖 문화 행사와 축제도, 집회와 사소한 모임에 이르기까지 모든 인간 활동을 자제하라는 것이다. 이른바 언택트(Untact) 사회의 도래로 비접촉·비대면 방식의 사회 활동만이 허용되면서 우리는 서로에 대해서 거리두기를 공식화하기 시작했다.

거리두기는 '사회적 거리두기(social distancing)'뿐 아니라 '생활 속 거리두기(distancing in daily life)', '스스로를 고립시키는 자가격리(self quarantine)'와 같은 방식으로 시행되고 있다. 개인이나 집단 간 접촉을 최소화해서 감염병 전파를 감소시키려는 통제 전략이다. 이런 조치들로 인해 지금 사회적으로는 어떤 흐름들이 만들어지고 있는가? 집에 있는 시간이 많아지면서 기업은 근로자를 재택근무로 몰고 갈 것이고, 사무실과 작업장에 투자한 자본을 회수할 것이다. 대부분의 상거래와 쇼핑이 온라인으로 이루어지게 될 것이고, 배달과 택배가 폭증하면서 배송 물류 적체를 해소하기 위해 지하에 물류 전용 터널망이 구축될지도 모른다.

하지만 한편에서는 사회적 동물인 사람에게 이러한 조치들은 고립감과 외로움, 스트레스와 불안감을 증폭시켜서 심리적 패닉 상태를 초래하게 될 것이라는 우려도 있다. 그러나 무엇이 진정한 '거리두기'일까? 이 시대적 상황에서 거리두기가 어떻게 사회적으로 이해되고 수용되어야 할까? 우리는 현재의 사회 시스템을 알게 모르게 무비판적으로 승인하며 살아간다. 코로나가 극도로 악화된 상황을 초래하게 된다면 이 사회 시스템은 기저질환이 있는 고령자를 제일 먼저 포기할 것이다. 그리고 기득권의 수준에 따라 차별과 배제의 논리를 가지고 그들을 배에서 밀어낼 것이다.

이 사회 시스템이 내세우는 거리누기는 시로가 서로에 대해서 냉정한 끊어내기를 언제든 할 수 있도록 사전에 마음 준비를 시키는 무서운 계략일지도 모른다. 거리를 둔다는 것은 우리가 그동안 놓치고 있었던 가치와 의미를 다시 회복할 수 있도록 지금 우리가 누리고 있는 편리와 눈앞의 이익으로부터 거리를 둔다는 차원으로 해석되어야 하지 않을까? 지금의 거리두기는 코로나 사태가 악화될수록 서로가 서로를 투쟁의 대상으로, 믿지못할 의심의 대상으로 몰아갈 공산이 크다. 이제 우리는 서로가 서로를 사람과 사람의 관계로 바라보기 위해서 우리가 익숙하게 받아들여 온 지배 권력의 인식 체계, 기존의 사회 시스템으로부터 거리를 두고 상대방을 원초적으로 다시 마주하는 연습을 해야 하지 않을까? 나는 이런 태도를 '성찰적 거리두기(reflective distancing)'라고 이름 붙이고 싶다.

어머니의 언어 그대로 : '마더 텅(mother tongue)'

1981년부터 십 년 동안 도서출판 뿌리깊은나무가 발간한 〈민중자서전〉 시리즈 20권은 내게 그야말로 날것 그 자체였다. 이 자서전의 주인공은 이름난 사람들이 아니라 그저 평범한 사람들이었고, 당사자가 글을 직접 쓴 게 아니라 구술 작업으로 이루어졌다는 게 가장 큰 특징이었다. 이름 없이 살아온 힘없는 서민 대중의 한평생을 가감 없이 그들의 말로 구술한 것을 풀어낸 작업이었다. 토씨 하나 흘리지 않고 구술자의 농투성이 말투를 그대로 옮겨 적음으로써 그 사람의 체온과 느낌을 그대로 전달하려는 의도가 역력했다.

그런데 이런 정성스러운 기록 작업을 2000년대에 『내 어머니 이야기』에서 다시 날것으로 만났다. 함경도 북청 지방을 배경으로 한 이 책에서도 지독스러운 지역 말투가 첫 장부터 눈에 거슬린다. 이 말투에 독자가 전적으로 익숙해지려는 투신이 없다면 끝까지 읽어내기 힘들 것이다. 철저하게 재현된 사투리는 우리를 시간과 공간을 뛰어넘어 1908년 함경도 어느 촌구석 마을 73

대모신(Great Mother Goddess)으로 표현된 작가의 어머니.

로 데려다 놓는다. 재현된 것은 사투리뿐만이 아니다. 함경도 명태식해와 명태순대, 그리고 함경도의 풍속들도 재현된다. 특히 우거지, 무채, 명태 알과 조린 조개, 삶은 두부, 볶은 소고기 등을 넣고 만드는 명태순대 조리 과정은 군침이 돌 만큼 생생하게 묘사되고 있다.

나는 이것을 단순히 어머니의 말을 표기 방식인 문자로 변환한 것이라 생각하지 않는다. 인간은 태어날 때 어머니로부터 말을 배운다. 그래서 언어에서 더 원초적인 것이 말(parol)이다. 하지만 너무나 당연한 이 사실이 중세 유럽에서는 오직 유일하게 공인된 표준 언어요 문자 체계였던 라틴어로 인해 전적으로 부

정되었다. 우리가 엄마로부터 배운 말이 신의 언어인 라틴어와
는 근본적으로 다르다는 자각. 거기서부터 근대의 휴머니즘이
태동하기 시작했다. 엄마에게 배운 말을 우리는 '마더 텅'이라
부른다. 그대로 직역하면 '엄마의 혀'로부터 울려 나오는 이 원
초적인 말이 우리의 언어와 사고를 자극하고 길러낸 것이다.

　하지만 근세 유럽에 와서 정작 라틴어를 대체한 것은 '마더
텅'이 아니라 국가의 언어였다. 처음에는 시골말이었던 독일어
와 불어, 앵글로 색슨어가 국가 언어가 되면서 이들 언어는 또다
시 라틴어의 지위를 차지하고는 무수한 지역 언어, 사투리 속에
새겨진 지역의 문화를 박해하고 획일화시켜서 국가의 통제 속
에 가두려고 했던 것이다. 마더 텅은 영어 사전의 번역처럼 '모
국어'가 아니라 어머니의 젖을 빨며 어머니의 혀에서 울리는 소
리로 느끼는 엄마의 말이기에 '모어(母語)'라고 번역해야 한다.

　이런 절절한 모어를 풀어낸 엄마의 이야기가 김은성의 『내 어
머니 이야기』이다. 그래서 이 이야기에는 엄마의 삶이 녹아 있
고, 엄마가 가족을 키우며 울고 웃었던 애환이 속속들이 스며 있
다. 먼저 역사가 있었던 것이 아니다. 권력을 차지한 세력들이
그들의 관점에서 기술한 실록이 이 땅의 역사가 아니라, 사실은
이 땅에 이름 없이 살아온 가난한 민초들이 온몸으로 겪어내고
뚫고나갔던 삶의 이야기들이 실개천처럼 흐르고 서로 이어지면
서 역사라는 큰 강을 이루어온 것이기에. 그래서 수많은 이 땅의
어머니들의 이야기가 구술되어야 하고 그 기억과 기록들이 하
나로 이어져야 하는 것이다.

75

윤석남, 〈빛의 파종—999〉, 서울시립미술관 전시.

　우리나라를 대표하는 여성주의 화가 윤석남은 김은성과 마찬가지로 사십이 되어서야 미술에 입문하고 어머니 이야기를 시작했다. 그는 모성이라는 주제를 자신만의 언어로 그려내며 작품 활동을 펼쳐왔다. 버려진 나무판자와 빨래판을 조합하여 그 위에 그려 넣은 어머니는 오직 가족만을 위해 개인의 삶을 포기하고 살아왔던 어머니의 모습이다. 그의 작품 〈빛의 파종(Seeding of light)〉에서는 999개의 나무토막에 한복을 곱게 차려입은 이 땅의 어머니들이 소환되어 그들의 한 많은 이야기를 우리에게 들려주려고 한다. 천 개에서 하나가 모자라는 그 미완의 작품에서 마지막 하나를 채워주는 일은 이제 우리의 몫이다. 이 작품은 소마미술관에서는 유리로 만든 피라미드 모양의 부스 안에 갇힌 형태로 재현된다. 피라미드로 상징되는 이 사회의 남성적 지배

권력에 가려진 어머니들의 내면의 힘, 끈질긴 생명력이 이제 더 이상 숨어 있지 않고 밖으로 표출되리라는 의지를 보여주는 것이다. 그 어머니 중에는 열여섯 나이에 시집와서 열 명이 넘는 식구를 건사하며 살았던 작가의 외할머니도, 작가의 어머니도 물론 들어가 있다.

전체 네 권으로 구성된 『내 어머니 이야기』 4권의 마지막 이야기는 「다함께 춤을」로 막을 내린다. 작가의 어머니와 딸은 함께 빨래도 하고 겨울에 덮을 이불 바느질도 한다. 모녀는 펼친 이불 위에 함께 누워 부드러운 감촉을 처음으로 느껴본다. 이불 위에서 함께 뒹굴며 모녀가 서로 끌어안는 모습은 첫 우주가 열리는 모태의 양수에서 유영하는 아기처럼 자유롭고 원초적이다. 진정한 해방과 쉼의 공간이다. 권력의 신화에서 신은 이레 만에 안식을 취했지만, 어머니는 이제야 딸과 함께 이불 위에서 곤히 휴식을 취한다. 그 모습이 영락없는 대모신(大母神)의 모습이다. 대지는 어머니의 몸이다. 세상을 창조한 모태요 온갖 식물과 동물을 내고 길러낸 근원적인 힘이다. 어머니가 되는 첫 과정은 무엇인가? 바로 생명을 품고 기르는 일이다. 생산(生産)의 원초적인 의미였던 이 근원적인 생명력이 인류의 진화 과정에서 농업혁명과 산업혁명을 겪으며 파괴되고 말았지만, 아직도 그 힘은 우리의 어머니를 통해 이어지고 있다. 인류문명에 의해 파괴된 자연을 회복하고 보듬으려면 우리에겐 다시 그 모성의 힘이 필요하다.

77

회복력은
어디에서 오는가

"관계 속에서 삶을 회복해야 한다.
그러려면 언어를 통해 존재를 창조할 수 있어야 한다.
일찍이 김춘수 시인이 「꽃」이라는 시를 통해
일깨워주었듯이, 말을 한다는 것은
단순한 신호의 교환이나 정보의 전달이 아니라,
리얼리티 자체를 생성해가는 행위다.
내가 너를 어떻게 불러주는가.
그것은 곧 나 자신을 어떻게 호명하는가와 맞물려 있다.
바로 거기에서 이야기가 빚어진다.
인간이 동물과 구별되는 지점은 경험을 의미화하고
사회적으로 공유하는 것이다."

김찬호, 「안전한 공간에서 이야기를 확장하자」 중

'말무덤[言塚]' 퍼포먼스를 상상한다

고영직 문학평론가

코로나19 팬데믹 상황이 좀처럼 수그러들지 않고 있다. 모든 것이 멈추었다. 산업이 멈추고, 사회가 멈추었으며, 우리 일상 또한 멈추었다. 자연의 역습에서 비롯한 재난의 상황이 일상화되는 위드(with) 코로나 시대가 한동안 지속될 것이라는 감염병 전문가들의 잿빛 어린 경고도 잇따르고 있다. 코로나19가 장기화하면서 코로나 상황에 따라 코로나 블루(우울), 코로나 레드(분노), 코로나 블랙(절망)도 우려되고 있다.

결국, 코로나19를 이겨내는 힘은 회복탄력성(resilience)에 있다. 전염병에 대한 개인의 면역력을 높여야 하고, 대한민국의 집단 회복력을 높여 사회를 보호해야 한다. 그리고 코로나 이후의 삶을 깊이 생각하며 전환의 길로 가야 한다. 재난을 배울 수 있는 재난학교가 필요하며, '지금'의 시간을 제대로 배워야 한다. 코

81

로나19 바이러스 같은 문제는 일국적 차원의 해결을 넘어 세계 시민으로서의 윤리와 감각 또한 요청하고 있다. 인간 중심의 휴머니즘을 넘어 포스트휴머니즘의 가치를 제대로 배우고 익히며 우리의 일상을 재구성해야 한다.

'말은 또 하나의 손이었다'라는 감각

차분한 명랑함을 잃지 않으려는 심리 방역 또는 관계 방역 역시 중요해졌다. 나를 소중히 여기며, 내 곁에 있는 누군가를 격려하고 지지하며 걱정하는 마음이 필요하다. 백무산 시인이 "말은 또 하나의 손이었다"(「사람의 말」)라고 쓴 것은 그런 지극한 마음의 경지를 표현한 것이라고 간주할 수 있다. 우리는 '너'라는 존재를 쬐어야 한다.

하지만 "말은 또 하나의 손이었다"라는 감각은 우리 사회에서 제대로 구현되고 있는가. 그렇지 못하다. 반(反)지성주의와 먹고사니즘이 득세하며 일차원적 인간(마르쿠제, Herbert Marcuse)이 넘쳐난다. 예술사회학자 이라영은 "반지성주의는 '알기를 적극적으로 거부하는 상태'"라고 정의한다. 반지성주의는 자신이 혐오하는 대상을 모르기 위해 애를 쓰는 한편, "모르지만 규정하려 한다"는 것이다. 코로나19 시대 약자 혐오와 멸시 그리고 증오 바이러스에 중독된 말들이 득세하는 대한민국에서 적극적으로 잘 모르는 존재들에 대해 감히 알려고 해야 하는 이유가 여기에 있

다. 이라영의 말처럼 "사회의 야만은 약자 멸시에 배어 있다"고 말할 수 있기 때문이다.[1]

약자를 멸시하는 사회는 좋은 사회가 아니다. 말의 힘을 회복해야 한다. 조지 오웰(George Orwell)이 소설 『1984』(1949)에서 이른바 뉴스피크(Newspeak)식 가치 전도의 언어에 맞서고자 한 것도 그런 이유 때문이었다. 조지 오웰은 '전쟁하는 평화', '거짓말하는 진리' 같은 식으로 전도된 언어는 뉴스피크식 언어이며, 그런 사회는 전체주의사회로 귀결된다고 경고한다. 2013년 봄, 이스탄불 탁심 광장을 없애고 쇼핑센터를 짓겠다고 한 터키 정부 정책에 반대하는 시위자들이 광장에 책을 들고 나와 침묵 시위를 할 때 조지 오웰의 『1984』를 비롯해 오르한 파무크(Orhan Pamuk), 알베르 카뮈(Albert Camus) 같은 작가들의 책을 조용히 읽었다는 점은 상징 이상의 힘을 발휘한다. 사람들은 자신들을 하나로 묶어줄 수 있는 이야기를 필요로 하기 때문이다.

거듭 강조하지만, 말의 힘을 회복하는 것은 개인이든 사회든 간에 회복력을 위해 중요하다. 내 경험적 진실에 의하면 나는 이 사실을 스무 살 문청(文靑) 시절 터득했다. 고(故) 이형기 시인이 진행하는 시 창작 수업에서 라이너 마리아 릴케(Rainer Maria Rilke)의 시 「나는 사람들의 말을 두려워한다」를 처음 읽었을 때의 강렬한 충격이 생각난다. "사람들의 말을 나는 두려워한다./ 사람

1 이라영, 「타락한 저항」, 교유서가, 2019.

들은 모든 것을 너무 명확하게 말한다./ 이것은 개, 저것은 집,/ 여기가 시작이고, 저기가 끝이다"(1연)라고. 3연으로 구성된 시에서 시인 릴케가 말하고자 한 것은 지시(指示)하고 명령하며 사물들의 본성을 제멋대로 규정하려는 지배자의 언어에 대해 저항하고자 한 것이었다. "나는 사물들이 노래하는 것을 들으면 즐겁다"라는 마지막 연의 표현에서 시인 릴케의 그런 의도를 짐작해 볼 수 있다.

시인 릴케가 말한 시의 맥락은 지금 여기 대한민국의 현실에도 그대로 부합한다. 사람들은 저마다 특정한 진영 논리 혹은 자기만의 아상(我想)에 사로잡혀 사람과 사물의 본성을 억압하고, 언어를 지배하려 하고, 언어를 통해 사람들을 지배하고자 한다. 그리하여 우리 사회는 미디어 리터러시(media literacy)가 심각한 위기에 처했다. 막스 베버(Max Weber)가 명명한 것처럼 사회적인 폐쇄(social closure) 현상이 갈수록 심해지고 있다. 이에 따라 공유지는 물론이고, 공론장이 크게 훼손되었으며, 사회의 토대가 흔들리고 있다. '기레기', '기더기' 같은 힐난을 듣는 언론의 타락 현상은 그 증좌이다. 인문학자 신영복 선생이 동양사상의 중요한 특징 중 하나로 언급한 화해(和諧)의 가치는 점점 요원해 보인다. "화(和)는 쌀[米]을 함께 먹는[口] 공동체의 의미이며, 해(諧)는 모든 사람[皆]들이 자기의 의견을 말[言]하는 민주주의 의미"[2]라

---

84   2 신영복, 「강의」, 돌베개, 2004.

고 신영복 선생은 풀이한다. 인성의 고양이 곧 사회성의 고양이 되고, 경제 가치와 정치 가치가 적절한 균형을 이루는 화해사회라는 이상은 한낱 이상일 따름인가.

말무덤(言塚)을 찾아서

화해의 세상은 어떻게 실현 가능한 것일까. 나는 코로나19 같은 위기 상황일수록 문화예술의 수행적(performative) 힘이 요청된다고 생각한다. 역사학자 이이화 선생의 유작『이이화의 동학농민혁명사』[3]에 등장하는 '말무덤'이라는 단어를 보며 더욱 실감하게 된다.

이이화 선생은 동학농민혁명은 단순한 민란(民亂)이 아니라 우리 근대사의 여명을 밝히는 상징과도 같은 혁명이었다고 정의한다. 책에서 내 눈길을 사로잡은 대목은 여러 곳이었는데, 그중 하나는 다산 정약용 선생이 1818년에 집필한『목민심서(牧民心書)』가 동민농민혁명의 이념적 토대가 되었다(1권)는 주장이었다. 전봉준이 젊은 시절 위민(爲民) 사상의 정수인『목민심서』를 읽고 국가 개혁과 현실 개혁의 방책을 모색했다는 것이다. 이이화 선생은 "정약용의 저술은 당시 호남 지방에서 널리 읽혔다"(1

---

3 이이화,『이이화의 동학농민혁명사』1·2·3, 교유서가, 2020.   85

말무덤. 긴 장마 탓에 풀이 우거져 접근조차 쉽게 허락하지 않는다.

권 40쪽)고 썼다. 전정(田政), 군정(軍政), 환정(還政)을 의미하는 삼정
(三政)의 문란은 1862년 삼남 지역 농민 봉기의 발단이 되었고,
결국 1894년 갑오년 농민혁명으로 이어졌다고 말한다. 뜻에서
뜻으로(씨올 함석헌) 이어지는 한국사의 큰 물줄기가 형성된 셈이
랄까.

　또 하나 내 눈길을 사로잡은 대목은 전봉준 장군이 전옥서(典
獄署)가 있던 서울 종로1가에서 처형당한 후 고향 마을인 전북 고
창군 고창읍 죽림리 당촌마을에 말무덤이 세워졌다(3권)고 언급

2부　회복력은 어디에서 오는가

동학농민혁명 발상지. 전북 고창군 무장면에서 처음 기포했다.

한 대목이다. 여기 등장하는 말무덤은 말[馬]을 묻은 무덤이 아
니다. 사람들이 하는 나쁜 말[言]들을 모아 묻었다고 가정하는
말무덤[言塚]이다. "말은 짐승 말이 아니라 사람들이 떠드는 '말'
을 뜻한다"(3권 79쪽)는 문장에 내 눈길이 오래 머문 것은 무슨 까
닭이었을까. "동네 사람들이 이러쿵저러쿵 떠들어대서 이 말들
을 모조리 무덤에 묻고 해마다 굿거리를 하여 더 이상 말을 하
지 말자는 약속의 장소로 삼았다"(3권, 같은 곳)고 선생은 기록했
다. 관련 자료를 조사해보니, 말무덤은 400~500년 전 세워진 것

87

'말무덤[言塚]' 퍼포먼스를 상상한다

으로 알려진 경북 예천군 지보면 대죽리에 있는 언총이 유명하다. 문중 간 싸움이 그치지 않아 사발에 말[言]을 담은 것으로 간주하고 깊이 묻었더니 싸움이 사라졌다는 이야기가 지금까지 전해져온다. 광주광역시 북구 충효동 조산(造山)에 있는 말무덤 또한 언총이라는 설(說)이 전해진다.

여하튼 나는 이이화 선생의 문장에 매혹되어 2020년 8월 중순 고창 당촌마을의 말무덤을 찾았다. 고창 사는 후배 서영길의 안내를 따라 찾아간 말무덤은 마을 뒤편 서해안고속도로변에 위치해 있었지만, 애석하게도 무덤의 형태를 제대로 볼 수 없었다. 유독 긴 장마 탓에 온갖 풀들이 무성해 접근조차 쉽게 허락하지 않았다. 당촌마을에서 유년 시절을 보냈고, 고창군 상하면장을 끝으로 공직에서 퇴직한 조철웅 어르신을 만나 "어릴 때부터 말무덤 근처에서 날이면 날마다 놀았다"면서 "말무덤에서 따로 동네 행사는 하지 않는다. 더 오래전이라면 몰라도…"라고 들은 말에 만족해야 했다.

그럼에도 불구하고 고창 당촌마을 말무덤을 찾아 나선 기행은 문화예술적 퍼포먼스를 자극하는 상상력의 촉발제가 되기에는 충분했다. 다시 말해 '백성은 나라의 근본'이고, '사람이 세상에서 가장 존귀하다'는 동학의 기포 정신을 깊이 생각해보는 시간이었던 것이다. 그리고 동학의 기포 정신은 코로나19 시대 휴머니티를 재창조하려는 상호 관계성의 의미로 해석될 수 있을 것이다. 최근 프랑스의 예술 프로젝트 〈G5〉가 인간계-동물계-식물계-광물계-기계를 비롯한 다섯 가지 생명 체계를 포괄하는 종간(種間) 관계 회복을 촉구한 대목은 1백여 년 전 이 땅에서 인내천(人乃天) 사상을 표방하며 등장한 동학의 정신과도 맥이 통한다고 말할 수 있다. 말무덤은 이 점에서 말씀의 무덤 이상의 상징적·실체적 의미를 지닌다고 나는 상상한다.

말무덤을 짓고, '겸손'을 배우자

말의 힘을 회복하기 위해서는 말무덤의 부활 같은 예술적 퍼포먼스가 필요하다. 문화예술적 의례(ritual)의 힘은 협력을 촉진하는 계기가 될 수 있다. '모든 화(禍)는 입에서 비롯한다'는 구시화문(口是禍門)의 현장인 대한민국을 넘어서려는 일종의 대동굿 퍼포먼스가 필요할지 모르겠다. 예를 들어 광화문광장에 전국 17시·도에서 한 트럭씩 싣고 온 흙을 한데 섞어 말무덤을 세우는 퍼포먼스를 나는 상상한다. 흙을 의미하는 라틴어 후무스(humus)와 겸손을 뜻하는 휴밀리티(humility)의 어원이 서로 같다는 점은 예사로워 보이지 않는다. 우리는 좀 더 '겸손'을 배워야 한다. 이 과정에서 프랑스 〈G5〉 프로젝트의 선언처럼 오만한 인간중심주의를 넘어서야 한다.

우리 사회에 말무덤이 필요한 곳들은 무수히 많을 것이다. 청와대, 여의도 국회의사당 같은 권력의 공간뿐만 아니라 우리 삶터와 일터에 말무덤이 조성되어야 하는 이유는 차고 넘친다. 현실 공간뿐만 아니라 온라인 공간에도 말무덤이 필요하다. 말의

89

타락 현상은 온라인 공간에서 더 심하다는 점을 누구도 부정할 수 없을 것이다. 말무덤 퍼포먼스는 우리가 침묵을 배우고, 겸손을 배우며, 서로 의존하는 존재로서 '서로'의 의미를 생각하는 재미있는 예술적 퍼포먼스가 될 수 있다. 허무맹랑해 보이는 주장을 내가 하는 이유는 '레토릭 자체가 메시지'라고 생각하기 때문이다. 우리는 지금 여기 대한민국에 새로운 담론과 이야기를 만들어야 한다. 약자를 멸시하고, 혐오하는 이야기로는 대한민국의 미래를 만들지 못한다. 그런 미래는 암흑일 뿐이다. 베네수엘라의 저 유명한 예술교육 프로젝트인 〈엘 시스테마(EL Sistema)〉의 슬로건은 "연주하고 싸워라(Play & Fight)"이다. 나는 이 의미를 "예술가들이여, 무엇이 두려운가. 상상하라, 그리고 싸워라"라고 풀이하고 싶다. 지역의 회복을 위해, 사회를 보호하기 위해, '교육하고, 단합하고, 궐기하라!' 같은 즐거운 저항 정신이 코로나19 시대에 문화예술인들에게 요구되는 것이라고 믿어 의심치 않는다.

있어야 할 것들이 제자리에 있는 것이 옳음이고, 아름다움이다. 제주 4·3평화기념관 안에 상설 전시된 〈백비(白碑)〉를 보라. 아무 글자도 새겨져 있지 않으나, 정명(正名)의 그날 '제주 4·3의 이름을 새기고 일으켜 세우리라'는 뜻을 함축하고 있는 백비는 말하지 않으면서도 많은 것들을 이야기한다. 문화예술의 수행적 힘은 그런 것이다. 우리 삶터에, 일터에, 온·오프라인 공간에, 그리고 저마다의 마음 깊숙한 곳에, 말무덤을 조성해야 하는 까닭이 여기에 있다. 말무덤 앞에서, 혹은 말무덤 안에서, 우리는 말을 삼가고, 겸손을 배우는 장소로 삼아야 한다. 말무덤은 그러므로 우리 시대 지성소(至聖所)이다. 지금 당장, 밀무덤을 허하라.

'말무덤(言塚)' 퍼포먼스를 상상한다

삶의 회복을 위한 정책은 가능한가
— '분절화된 정책'에서 '절합하는 정책'으로

1

8월의 어느 날, 지역의 미술계 원로 한 분의 전화를 받았다. 문화관광재단에서 공공미술 사업을 공모한다고 며칠 전 전화가 왔다며 여러 명이 팀을 이뤄 수행하는 사업으로 3~4일 내 사업계획서를 제출해야 되는 상황인데, 함께하지 않겠느냐는 제안이었다. 사업계획서 작성 등 행정 업무를 담당해주되 인건비는 작가와 동일하게 배분하면 된다고 했다. 그는 미술인들 먹여 살리는 일자리 창출 사업임을 강조했다. 나는 다른 일 핑계로 거절했다. 적당한 장소에 작품 설치만 하면 된다는 식으로 이해하고 있는 원로 작가는 공공미술 개념이라곤 찾아볼 수도 없었고, 심지어 공공미술을 이해하려는 태도조차 보여주지 않았다. 게다가 그는

92

문화관광재단에서 제안했다는 공공미술 사업 자체에 대해서 선 이해조차 제대로 못 하고 있었다. 그는 살고 있는 마을의 도시새 생사업 위원장도 맡고 있었다.

이 사례는 단지 원로 작가 개인의 문제로 단순하게 치부할 수 도 있다. 그러나 그 원로 작가 개인의 인식틀을 '분절화된 정책' 혹은 '정책의 분절화'라는 키워드로 들여다보자면, 일정 정도 지 역사회의 보편적 인식틀과 무관하지 않음을 잘 보여주는 일화 가 아닐까.

2

분절화된 정책들은 삶에 어떤 영향을 끼칠까. 나는 이 글에서 논의의 필요상 정부의 정책을 '분절의 정책'(정책의 분절화)과 '절 합의 정책'(정책의 절합)으로 나누어 짚어보려 한다. 분절(分節)이란 사물을 마디마디로 나눔을 뜻하고, 절합(節合)이란 나눔과 동시에 이음을 뜻한다. 따라서 분절의 정책이란 영역별로 분할하는 정 책이며, 절합의 정책이란 분할된 영역들을 접합시키는 정책으로 이해할 수 있겠다. 사실 절합이라는 말 속에 분절의 의미가 있으 므로 분절의 대립어로는 절합이 아니라 접합(接合)이라는 말이 타 당하다. 분절과 접합이라는 대립된 개념이 있고 그 동시성의 개 념으로 절합이라는 말을 생각해볼 수 있다는 것이다. 절합이라 는 개념적 사유가 필요한 것은 분절의 정책의 대안으로 접합의 93

정책을 사유하는 게 아니라 절합의 정책을 사유해야 한다는 의미에서다. 접합은 여러 개가 기계적으로 이어질 우려가 있으나, 절합은 분절과 접합의 동시성을 사유하며 그 유기적 관계를 전제하기 때문이다.

앞의 원로 작가 사례로 다시 돌아가 보자. 이 원로 작가에게는 분절의 정책 효과가 하나의 '집합인격'으로 녹아 있다(집합인격? 이 글을 쓰다 보니 필요상 만들어진 신조어다. 여러 가지 특성들이 한 주체에 포진되어 나타나는 인격적 성향 정도로 이해하자). 이는 오늘 현재의 상태인 공시태적 측면뿐만 아니라 과거부터 오늘에 이르는 생애사적, 현대사적 경험의 통시태적 측면 모두를 포함해서다. 분절이란 영역 간 격리의 문제로만 볼 게 아니라 역사적 맥락과의 단절까지를 포함하기 때문에 시간적, 역사적 관여의 제거라는 전체 흐름을 읽어야 할 문제로 보아야 할 것이다.

원로 작가에게 나타나는 분절의 정책 효과는 첫째, 문화나 예술의 개념을 장르적 역할로 한정하고 매우 좁은 의미의 낡은 방식으로 사용하며, 또한 더 이상 개념의 진화가 작동하지 않은 채 멈춰버린 고정틀 안에 갇혀 있고 그것을 고집한다는 것이다. 2년 전 개인적인 대화를 나누는 몇 시간 동안의 언쟁 과정에서 확인된 바다. 삶의 문제로서의 문화는 보이지 않으며 예술이란 것도 오로지 일정한 자격을 획득한 예술가들이 하는 작품으로만 이해한다. 확장된 개념을 배제하는 순혈주의적 개념의 고집으로, 말하자면 개념의 분절이다. 이는 그가 경험해온 제도적, 정책적 사회 효과의 현대사와 마주쳐온 생애사의 한 인식 풍경을

94

보여주는 모습이기도 하다. 예술 사회에서의 인식이나 예술 정책은 장르에 갇힌, 대단히 분절적인 것이다. 그 사회적 효과는 예술 활동이란 예술가들만의 영역으로 치부한 '고급진' 활동으로 인식되는 것이었다. 1990년대 이후 우리 사회에서도 문화 담론이 부각되면서 문화의 개념이나 예술 활동을 바라보는 관점이 좀 더 탈장르화하는 절합적인 시선으로 확장되고 정책적으로 반영된 것도 사실이지만 여전히 과거의 습성이 괴어 있는 것도 사실이다.

둘째, 경험 공간의 분절 문제가 이어지는 것이다. 원로 작가가 사는 세계는 지역사회이며 시골이다. 그는 토박이이다. 그래서 그런지 그의 경험 공간은 지역사회에 한정되어 있다. 우물 안 개구리로 갇힌 자기 고집의 세계를 예술가로서의 미덕이자 자존심이라고 생각하는 듯하다. 자신이 살고 있는 지역을 넘어 탈영토화하고 공간들을 횡단하는 사유의 예술적 자유로움을 느끼기 어렵고, 그의 작가정신에서 한국 사회의 보편적 시대정신이나 사회성을 찾아볼 수 없다. 원로 작가와 관련된 것은 아니지만, 지역사회에서 있었던 한 사례가 떠오른다. 서예계의 대표급 인물인 한 작가가 어느 지역사회에 이주해 들어갔으나 냉대받다 결국 지역을 떠나고 말았다. 이처럼 경험 공간의 분절 효과는 토박이 기득권이랄까, 철저하게 왜곡된 영토성의 주체로 등장하며, 크든 작든 지역사회에 지배적 영향력으로 작용한다.

셋째, 시간의 분절 문제를 생각해볼 수 있다. 시간의 분절 문제는 통시태성 즉 역사성의 문제로 이해할 수 있는데, 즉 어떤

95

사안에 대해 역사적 맥락이나 배경, 특이성, 시대정신, 진정성들을 제거하는 방식으로 분절한다는 것이다. 혹은 역사적 기의(記意)는 사라지고 현상적 기표(記標)만 남는다. 이를테면 '전봉준 생가'는 존재할지언정 '전봉준'도 없고 '동학혁명'도 없다. '동학혁명'이라는 기표는 존재할지언정 기의 즉 오늘의 역사적 의미는 없다. 친일 작가이자 친독재 작가인 서정주에 대한 역사적 평가는 없고 서정주의 시, 미당문학관만 존재한다. 원로 작가는 최근 몇 년 동안 마을 벽화 작업을 많이 해왔다. 벽화 작업에서 공공미술에 대한 개념이나 마을의 공간적 장소성과 마찬가지로 시간적 역사성 따위들도 모두 분절되어 사라지게 했다. 오로지 남은 것은 마을의 삶과는 맥락이 없는, 멀건 국 같은 사생화 그림들뿐이었다.

중요하게는 그의 구도 속에는 장소성과 관련된 마을의 주민들 즉 마을에서 살아온 그리고 앞으로 살아갈 사람들 역시 존재하지 않는다는 것이다. 주민들의 마을 벽화 작업에 대한 주체적 참여나 의사 표현이라는 것 자체를 생각조차 할 수 없는, 그들을 단지 '구경꾼'으로 만들었다. 마을 벽화는 작가들만의 예술 작품이어야 하는 것으로 각인시켰다. 여기서 넷째, 주체의 분절 문제가 나온다. 지역사회 구성원들, 보통의 주민들은 문화예술 활동의 '세계-내-주체'로 배치되지 못한다. 그저 대상화되는 감상자일 뿐이다. 게다가 원로 작가는 토박이이다. 심지어는 귀농귀촌자 즉 외부에서 들어온 이주민들에게 주는 혜택이 크다며 본토박이들이 역차별당한다고 생각한다. 복지회관에서 운영하는 한

글교실 프로그램과 마을에서 주민들과 함께하는 한글교실 프로그램의 방법론적 차이를 이해하지 못한다. 문해력이라는 고상한 말로 포장한다 해도 상황은 바뀌지 않는다. 전자는 한글 문맹의 타파가 목표지만, 후자는 생애사의 단락과 연결하여 한글 학습을 매개로 잃어버린 자기표현이나 감수성의 회복 및 공감 문제로 접근한다. 주체가 분절되어 사라지게 하는 효과는 크게는 문화예술 영역이 삶의 과정으로 절합되는 것을 금기시하거나 예술가와 비예술가인 보통 사람들의 이분법적 격리가 위계화되며 지역 문화예술판의 생태계를 왜곡한다는 것이다.

공공미술 사업을 대하는 원로 작가의 태도는 개념의 분절, 경험 공간의 분절, 역사성의 분절, 주체의 분절 등이 상호작용으로 얽혀진 '집합분절적' 인식틀의 효과라 할 수 있다. 공공미술에 대한 개념의 부재, 우물 안 개구리처럼 닫힌 영토성의 기득권화 혹은 장소성 인식의 부재, 삶의 역사성 부재, 행위자 주체 구성에서의 비예술가 배제 등 이들 모두는 얽혀 있다. 절합되지 않는 분절화는 제거, 배제, 망각, 부인, 소외, 침묵, 부재, 비현실 따위들로 거듭되고 습성화되며 의사소통과 결정에 있어 의식적, 무의식적 언명의 체계로 작동한다. 요컨대 생애사를 통해 집합분절적 인식틀에 갇힌 원로 작가는 타자들과의 담화 구조 관계에서 자신의 입장 중심으로 강경하거나 완곡하거나 분노하거나 유연하거나 하는 인간적 성향이 표출되는 집합인격으로 나타난다.

97

3

세상의 사물과 사회의 구성물들은 무수하고 다양하게 분절되어 있고 동시에 끊임없이 분절된다. 그러나 분절된 채 존재하지는 않는다. 분절됨과 동시에 절합되어 있거나 절합한다. 책상 위에 놓인 컴퓨터도 전기에너지와 인간의 손이 연결되어야만 의미 있는 기계로 작동해 그 숱한 신호 체계를 거쳐 온라인 세계로 이어진다. 컴퓨터라는 기계 그 몸체만으로는 아무 짓도 할 수 없다. 분절은 필요한 과정이기도 하다. 컴퓨터 제조업체는 이미 분절되어 하나의 완성품을 생산한다. 컴퓨터 기계 그 자체도 수많은 부품들로 분절되어 있으며 완성품은 그 접합체이다. 인간의 삶의 관계 혹은 정부 정책의 지평에서도 과정은 마찬가지다. 그러나 문제는 분절된 영역을 고립시켜 그 영역만으로 무언가를 할 수 있다는 폐쇄적 믿음이다. 분절의 정책은 칸막이라는 폐쇄성을 주된 특징으로 한다.

분절화된 정책은 어제오늘의 일이 아니다. 한국 현대사의 기원과 함께한다. 예컨대 언어의 획일화를 초래한 표준어 정책은 1933년 조선어학회가 맞춤법 통일안을 제정하면서 규정한 표준말의 정의로부터 지방어를 분절하고 무시, 배제한 결과다. 언중(言衆)은 자신의 삶과 성장환경이 어우러지는 토속어 혹은 지방어들을 버림으로써 규범화된 시민권을 얻어야 했다. 교육정책은 가령 개개인 고유의 음악적 리토르넬로(ritornello)를 파탄시키고 서양 기보법의 원리로 훈육했다. 무엇보다도 불행한 것은 반공 이데올로기 정책이 부과한 사고 및 사상의 분절, 적대화라는 극단의 질서 즉 흑백논리와 이분법 논리가 지배하는 사회의 장기 지속이다. 해방공간에서의 좌우의 적대적 대립은 오늘에 있어 더욱 악랄하게 재현되고 있다. 이러한 모든 것들은 한국 사회의 근대적 기획의 전략적 사회정책 혹은 국가정책으로부터 비롯되어왔다. 이 또한 전 세계가 서구화되는 근대의 문을 연 데카르트(René Descartes)의 철학적 분절성(몸과 정신의 분리라는 이분법)에 기원한다. 이러한 언급들은 분절의 정책 몇몇 사례에 불과하다. 그것은 무수하게 증폭되면서 씨줄 없는 날줄이거나 날줄 없는 씨줄로 삶의 시간들에 그물을 쳐왔다. 그 결과는 분절된 주체의 근대적 탄생이며 지배이고 집합인격으로 자기 증폭하는 욕망이자 세계관이 되어왔다. 원로 작가는 이러한 그물망의 한 그물코일 뿐이다.

현대사를 관통해온 국가정책은 전부 하향식으로 내려오는 분절의 정책들이었다고 해도 과언이 아니다. 태초에 헌법에 명시된 민주공화국이라는 정치체제와 교육법에 명시된 홍익인간이라는 교육이념은 절합된 주체를 지향했음에도 각각의 영역에서 정책의 설계와 집행이 그와 반대되는 길을 걸었다. 명분과 실체가 극도로 모순된 과정의 반복이었다. 오늘에 있어서도 여전하다. 농림축산식품부 소관으로 농촌 마을 사업과 관련한 '마을기본법'을 입법하려 해도 국토교통부가 부처 이기주의로 그것을 방해한다고 하니 분절의 정책은 관료주의의 폐해이기도 함을 보여주고 있다. 일정한 공간에서는 절합되어야 할 마을만들기와 도시재생은 따로국밥으로 땅따먹기하고 있다.

원로 작가가 나에게 참여를 제안했던 공공미술 사업이란 문화체육관광부와 한국문화예술위원회가 주최하는 2020 공공미술 프로젝트 〈우리 동네 미술〉 공모 사업이었다. 이 사업은 원로 작가의 집합인격화된 측면을 상징적으로 보여주는 것과 다른 결로 정부의 정책이 어떻게 분절의 정책으로 나타나는지를 잘 드러내는 사례일 성싶다.

〈우리 동네 미술〉 공모 사업은 코로나19에 대응한 한국판 문화 뉴딜 사업의 일종으로, 전국 228개 지자체에서 동시에 시행하도록 되어 있는데 예산 규모로 보면 1000억 원가량 되는 전례 없는 대규모 사업이다. 한 지자체당 약 4억 원 규모이다. 8월 중순경 한국문화예술위원회는 서울, 부산, 광주 등 3개 권역을 순회하며 공공미술의 개론, 장소성 및 공동체성을 주제로 교육 프로그램을 시행하고 공공미술에 대한 이해도를 높이려 했다. 게다가 심사 기준을 보면 작품성과 장소와의 적합성 등 공공미술 개념에 걸맞은 절합적 의도를 보여주고 있다. 그러나 참여를 원하는 지자체당 37명의 작가들은 '미술인' 중심이다. 문화예술인 일자리 창출이 아니라 미술인 일자리 창출이라는 점에서 주체의 분절-배제를 전제로 하는 사업임을 드러내고 있다. 그보다도 1~2주 만에 공모 사업에 응해야 하고, 5개월 정도의 기간에 사업을 종료해야 하는, 졸속 행정의 전범 사례를 보여주었다. 이는 단기간 준비, 시행이라는 절차 속에서 시간의 분절 - 시간 쫓김 - 배제 - 졸속을 불가피하게 강제하는 것이고, 따라서 충분하게 녹여내야 할 장소성에 있어서도 분절-부재로 인한 몰(沒)장소성 역시 불가피하게 일어날 수밖에 없다. 중앙 빌주저에서 발단 현장으로 사업이 왔을 때는, 원로 작가가 나에게 제안하며 던진 담화 구조에서 드러난 것처럼, 공공미술의 개념은 이미 분절, 실종되고 만다. 내년 1월 공공미술 작품들은 주인 잃은 형해화된 모습으로 어딘가에 처박혀 있을지도 모른다.

4

정책은 사회 구성원들의 삶에 큰 영향을 끼친다. 따라서 사회 구성원들의 삶에 대한 공감과 진화를 위해 정책들은 충분한 소통을 거쳐 결정되어야 한다. 그렇기 때문에 사회 구성과 주체 구성의 전략적 맥락 속에서 크고 작은 그림들에 맞는 정책이 입안되고 시행되어야 한다. 그러나 안타깝게도 민주공화국이라는 헌법정신과 홍익인간이라는 교육이념은 순전히 전시용이고 부처 이기주의, 관료주의, 처세술과 출세욕, 칸막이, 권력의 욕망, 수직 위계적 질서, 이분법적 흑백논리, 순수주의, 엘리트주의, 선민의식, 전문가주의, 인맥, 지역주의, 배제와 차별, 규범주의 및 표준화, 법과 규정 등 온갖 것들로 표현되는 분절의 분절들의 중층적이고 집합화된 정책으로 현시된다. 역사적이고 누적적으로 현시되는 분절화 성책의 효과는 주권재민의 민본사상을 언급하기조차 민망하게 인간의 자유로운 삶의 가치와 영혼을 망가뜨린

101

다. 사회 구성원들이 원하지 않는 방향으로 사회가 나아가 구성원들을 위협하고 처세에 능한 주체로 변질시킨다. 그것은 자명한 진리가 되고 상식이 되며 도리와 예의가 된다. 인간의 오래된 역사를 볼 때 아주 짧은 시간을 지배하고 있는 예외적인 것에 불과함에도.

위로부터의 정책의 분절화는 이미 제도화되고 구조화된 습성으로 작동한다. 설령 의기투합하여 선구적으로 정책의 절합화를 시도한다 해도 최말단 행정에 내려오면 지자체 규정 혹은 자기 검열하는 실무자의 규범화된 분절화 논리에 의해 정책 집행은 때로는 더 경직되고 더 강화되기 일쑤다. 지자체에서 발주하는 위탁 사업이든 단순 사업이든 그 사업의 센터장이나 책임자조차도 말단 공무원에 순종하는 마름이 되다시피 한다. 규정 혹은 지침이라는 미명하에 참으로 친절히게도 예산집행의 하나하나를 검열하거나 통제한다. 그 규정이나 지침은 분절화되는 정책의 미시적 경로일 뿐이다. 말이 협력이지 센터는 말단 공무원의 하부조직이다. 분절의 미시적 경로들은 주종의 형태하에서 인간성 없는 인격적 관계로 포장되며, 시행자는 더러워도 받아들여야 하는 참담한 신세로 전락하고 최종적으로는 무감각해야 생존적으로 버틸 수 있는 처지가 된다.

분절의 정책 자체에 대한 비판적 화두보다는 우회하여 분절의 정책이 초래한 사회 및 대중 효과를 화두로 던지기 위해 원로 작가의 사례를 길게 할애했다. 이것은 중요한 문제이기 때문이다. 위로부터의 정책의 분절화는 얼기설기한 그 반복의 역사

102

속에서 지역사회 기층의 구성원들에게 스스로의 욕망 체계가 무의식중에 자리잡도록 했다는 점에 주목하자는 것이다. 분질적 지향은 기층민들 스스로 욕망하고 자기 자존심의 영역이자 권력화의 기제이며 처세술 혹은 생존론적 상식이 되어버렸으며, 그것은 때로는 '뇌피셜'의 비만증으로 타자들과 대면한다. 그렇기에 사실 순응주의자로 남아 있는 게 아니라 분절화된 구도 속에서 '인정투쟁'하며 불만을 토로한다. 이것이 자기 목소리의 실체다. 원로 작가는 그 전형을 보여준다. 물론 지역민들이 다 그렇지는 않다. 그러나 지역사회의 적폐, 문화예술판의 낡은 습성, 원로들과 같은 기성세대를 닮아가는 청년세대들의 데칼코마니, 이와 같은 악순환 구조에서 탈분절화되는 문화예술 정책의 '현타'(현실자각타임)는 결코 오지 않을 미래가 될지도 모른다.

그나마 희망을 건다면? 위로부터 내려오는 전향적 정책들이 절합적 시도를 할 경우 그 성공을 위해 중간 단계 지자체를 거치지 않고 수행 단체와 직접 교통하는 방안도 생각해볼 수 있을 것이다. 물론 분절화된 욕망 체계로 길들여진 지역 주체들의 재교육 시스템은 필수다. 삶의 가치와 그 회복을 위한 인간 존재의 핵심은 국가도 지자체도 시장도 아니다. 인간과 인간이 실제로 관계를 맺는 사회에 있고 그 사회의 절합적 구성에 있다. 정책은 이슈에 따른 절합적 구성을 어떻게 할 것이냐로 전환되어야 할 것이다.

삶의 회복을 위한 정책은 가능한가

문화도시와 시민의 자발성

손경년 前 부천문화재단 대표이사

나는 법

"사람이 백발백중 총을 잘 쏘니 에네케 새는 앉지 않고 나는 법을 배웠다"라는 아프리카 속담이 있다. 그동안 우리는 경제성장, 다시 말해 '등 따뜻하고 배가 불러야 한다'는 마음으로 높이 올라가는 아파트와 도로의 확장을 지켜봐왔다. 그런 도시 속에서의 삶의 방식에 대한 의문이 생기기 전까지, 살긴 사는데 무언가 잃고 있다는 불안감을 느끼기 전까지 문화는 교양을 대신하는 말이었고, 예술은 재능을 가진 사람의 전유물 정도로 여겼다. 그런데 언젠가부터 우리는 잊거나 혹은 잃어버리고 있다고 생각하게 되면서, 그냥 도시가 아닌, 현재의 결핍이자 존재하지 않은 이상향 같은 '문화도시로의 꿈꾸기'라는 '나는 법'을 생각하

104

기 시작했다.

　댄 핸콕스(Dan Hancox)는 그의 저서 『우리는 이상한 마을에 산다』[1]에서 이런 말을 한다. "유토피아는 우리가 우리를 둘러싼 세상에 실망해 만들어낸 것, 현실 세계의 수많은 불의를 반대로 뒤집어놓은 것, 인간의 나약함이 만들어낸 것이다. 우리는 언제나 실망하고, 그래서 더 나은 것을 꿈꾼다." 나는 그의 말에 동의한다. 코로나19가 지구인의 삶을 비틀어놓자, 그동안 지녀왔던 생각과 삶의 양식, 중요하다고 여긴 것, 옳다고 받아들인 것, 이 모든 것에 대해 다시 생각해야 한다는 긴장감이 들었고, 동시에 실재하지 않는 '이상향'에 대한 꿈은 상실감이 클수록 현실로 구현하고자 하는 욕망으로 나타났다.

문화체육관광부의 문화도시 지정

　2014년 '지역문화진흥법'이 제정됨에 따라 문화체육관광부(이하 문체부)는 '문화도시 지정'의 근거를 얻게 되었다. 2019년 예비 도시 지정을 시작으로 2020년 제1차 문화도시로 7개 도시 지정과 함께 제2차 예비 문화도시의 지정이 이루어졌고, 올 하반기에 제2차 문화도시 지정 및 제3차 예비 문화도시 지정을 앞두고

1　댄 핸콕스, 윤길순 옮김, 『우리는 이상한 마을에 산다』, 위즈덤하우스, 2014.　　105

있다. 불과 2년 만에 '문화도시'에 대한 지자체의 관심(지금까지의 도시 양태를 넘어서는 문화도시로의 열망인가, 또는 문화도시 지정이 가져다주는 재원에 대한 욕망인가는 차치하고)은 예상을 넘어선 열기를 보여주었다.

> **▶ 지역문화진흥법 제15조 제1항**
> 문화체육관광부장관은 지역의 문화자원을 활용한 지역발전을 촉진하기 위하여 심의위원회의 심의를 거쳐 문화예술, 문화산업, 관광, 전통, 역사, 영상, 그 밖에 대통령령으로 정하는 분야별로 문화도시를 지정할 수 있다.

문체부는 2006년부터 지금까지 추진하고 있는 거점형 문화도시 사업과 2014년부터 진행하고 있는 문화특화지역 조성 사업 등의 경험을 통해, 문화적 기반과 역량을 갖춘 도시들이 등장하고 있다고 판단, 장기적으로 '문화를 통한 지역발전 계획 전반을 종합적·체계적으로 지원할 필요'가 있다고 보았다. 2018년부터 '지역문화진흥법'에 따른 문화도시 지정 사업을 추진해야 했으며, 2022년까지 30개 내외를 지정하여 성공 모델을 발굴하는 데 목표를 두었다.

문화도시 지정의 취지는 '모든 도시는 특별하다'는 관점에서 출발해 지역 자율성, 다양성, 창의성을 살리고자 한다는 것이다. 법에 따라 문화도시 지정을 수행해야 하는 문체부는 '문화를 통한 지속가능한 지역발전 및 지역 주민의 문화적 삶 확산'이라는 정책 비전을 통해 '지역의 공동체 활성화, 문화를 통한 균형발전, 창의적이고 지속가능한 성장 기반 구축, 사회 혁신 제고'를 위한 목표를 설정하였다. 다시 말해, 기존의 대규모 시설 조성

계획이 아닌 '지역문화발전종합계획'의 지원, 중앙 및 관 주도가 아닌 '지역 중심·시민 주도형 도시문화 거버넌스로 변화', 그리고 단순 재정 지원 방식이 아닌 '효과적 추진 체계 구축과 컨설팅 지원'으로 추진 방향을 잡고 있다. 이러한 구상은 이전의 문체부 사업의 추진 방식, 가치, 인식 토대, 실행 프로그램 등과 비교해볼 때 차이가 엿보이는 정책 사업이라 할 수 있다.

문화도시의 기대와 평가

전국이 문화도시 지정으로 떠들썩해졌고, 혹자는 이런 식의 열기는 나중에 정책 설계의 본래 의미와 상관없이 형식적인 시늉만 남게 될 것이라고 불편해했다. 주체성을 기반으로 참여한 주민의 책임감과 실천을 통한 이상적인 과정이 제대로 이루어진다면 다행이겠으나, 실지로는 행정기관과 전문가 중심의 하향식 기획과 실행으로 '회수를 건넌 귤이 탱자가 되는' 끝을 보게 될 것이라고 말하는 사람들도 있다. 그러나 이러한 기대와 평가가 조급한 것은 아닐까라는 생각을 하게 된다. 왜냐하면 법정 문화도시 사업은 지정만 했지, 아직 시작도 하지 않은 것이나 다름없기 때문이다. 다시 말해 문화도시를 만든다는 것은 주민이 주체가 되는 과정, 즉 선택한 가치에 대한 책임과 스스로 삶을 만들어가는 과정을 통해 '문화도시'가 현실로 나타나기까지는 긴 호흡과 절대적인 시간의 확보가 필요하기 때문이다. 107

제1차 법정 문화도시로 지정된 '말할 수 있는 도시, 귀담아듣는 도시 - 생활문화도시 부천'

클로드 레비 스트로스(Claude Lévi-Strauss)는 그의 책 『신화학 1 - 날것과 익힌 것』(한길사)에서 "과학자는 올바른 답을 내놓는 사람이 아니다. 그는 올바른 질문을 묻는 사람이다"라고 했다. 과학자를 문화기획자로 바꿔서 말해보자. '문화기획자는 올바른 답을 내놓는 사람이 아니다. 그는 올바른 질문을 하는 사람이다!' 그렇다. 부천이 문화도시 지정을 원한다면 우선 해야 할 일은 '올바른 질문'을 하는 사람, '올바른 질문'을 하는 문화재단이 되어야 했다.

'지역문화진흥법'에 따라 5년 후 문화도시 지정 단계가 있다는 것을 알았고, 30여 년 동안 '문화도시 부천'이라는 일관된 문화정책을 시행해온 부천시가 법정 문화도시로 지정되는 것은 꽤 합당한 일이라 생각했다. '문화도시 부천'을 준비하는 우리의 출발은 답을 찾는 것이 아닌, 질문을 하며 그 질문이 올바른지 아닌지를 계속 성찰하는 과정을 마련하는 것이었다. 그렇기 때문에 문화재단과 시민들 사이에서 지속적인 질문과 대화, 그동안 수행해왔던 숱한 문화예술 사업들을 유기적으로 엮는 것부터 시작하였다. 그 결과 2020년 부천시는 제1차 법정 문화도시로 지정되었다. 지난 과정을 되돌아보면 '문화도시 지정'이라는 중앙정부 사업의 선정을 위해 '정답'을 향한 여정을 수행했던 것은 명백히 아니었다고 생각한다.

2015년부터 예비도시 지정이 있을 4년 뒤(2019년), 법정 문화도시 지정이 있을 5년 뒤(2020년), 부천문화재단 설립 20주년 되는 해(2021년), 더 나아가 100년 뒤(2120년)의 부천을 상상하면서 과거, 현재, 미래의 가치가 무엇이어야 하는가에 대한 논의를 시작했다. 그러니까 행정부나 전문가 집단이 그려놓은 계획을 시민들에게 이해하도록 하는 시간을 가진 것이 아니라, 시민들이 스스로 '문화도시의 상(像)'을 찾고 토대를 만들어가는 과정을 통해 얻는 '시민력 구현'에 초점을 두었다는 뜻이다.

올바른 질문과 실천을 위하여

'수다 떠는 재주 덕분에 인간들은 40억 년에 이르는 지구 생명의 역사에서 독특한 위치를 점하게 되었다'는 수학자이자 진화생물학자인 마틴 노왁(Martin Nowak)의 견해는 '문화도시 부천을 상상하면서 무엇을 고려해야 할 것인가'라는 우리의 첫 질문에 좋은 길잡이가 되었다. 84만의 부천 시민들이 모두 원하는 대로 말하고 있는가, 많은 말들은 자신, 타인, 사회에 보탬이 되는가, 누가 이 도시에서 주로 말하고 있는가를 살펴보면서, '말할 수 있는 것'이 곧 권리이며, 그 권리를 인식하고 누려야 비로소 문화도시의 첫 단추를 낄 수 있을 것 같았다. 다시 말해 시민 한 사람 한 사람이 자신의 견해를 드러내는 데 방해를 받지 않으면서, 타인을 존중하고 합의해가는 과정을 가지면서 스스로 결정하고

109

책임지는 것, 그것이 바로 '주체성을 가진 시민'이라는 생각에 도달한 것이다. 주체적 결정과 책임을 지기 위해서는 알아야 하고 실천해야 할 많은 과정을 스스로 수행해야 한다는 것을 의미한다. 이는 이상적으로 상상은 할 수 있으나 현실에서는 결코 쉬운 일은 아니었다.

"문화도시는 허상 아닌가요?" 이런 질문에 대해 '우리가 허상이라고 생각한다면 허상이 무엇인지 논의합시다'라고 했다. "문화도시의 결과가 너무 과장된 것은 아닌가요?" 그렇다면 '계획서 위의 과장됨을 지적하는 것에 머물지 말고, 문화에 대한 이해와 문화를 통한 결과가 무엇인지 생각해봅시다'라고 했다. "더 긴급한 사회문제가 있을 텐데 상대적으로 급하지 않은 문화도시를 왜 하려고 하며, 살기 바쁜데 문화도시 사업을 한다고 주민참여를 요구하면 어렵지 않나요?" 이 질문에 대해서는 '현실적으로 타당한 질문입니다만, 잘 생각해보면 우리는 일상에서 주변을 살피고 일분일초, 하루하루가 쌓여야 내일이 되고, 삶의 큰 그림이 만들어진다는 것을 이미 알고 있으며, 해야 할 일이 있어야 실천하고 그 실천이 오늘을 만들고 내일이 되니까요'라고 했다. 옳고 그른 것을 판단하기 어려우나 잘 모른다고 생각되는 것은 질문하고 또 질문을 했다.

일상성, 현실성과 추상도가 높은 거대 담론은 결코 내 삶의 구성에서 따로 노는 것이 아니었다. 현실의 내가 듣고, 말하고, 조율하고, 배려하고, 합의하고, 의사결정을 하면서 내가 가진 시민으로서의 권리를 이해하고 사용하는 것이 무엇보다 중요했다.

또한 전문가나 권위를 가진 사람들이 과학적 지식과 자료로 자신들의 주장을 강요하거나 혹은 자신이 옳다는 주장을 받아들이라고 하는 사람을 만날 때 우리는 현명한 방법을 찾아야 했다. '문화도시 사업의 결과로 도시가 망가질 것인가, 멋진 도시가 될 것인가?'라는 질문은 정답을 요구하는 것이 아니며, 오히려 지속적인 질문을 통해 스스로 찾아 나가는 과정을 획득함으로써 '주체적인 시민'이 된다는 것을 겨우 깨달았다.

법정 문화도시로 지정되었든 아니든 간에 '문화'도시로의 지향은 적어도 현재의 가치나 관점으로 볼 때 마땅한 방향인 듯하다. 정책 실현의 얼개를 보면 시민들의 열망과 의지로 만들어지는 도시를 꿈꿀 수 있기 때문이다. '문화도시를 만들자'는 것은 특정인의 목적 달성을 위한 구호이거나, 하얀 지면 위의 서명을 남기기 위한 것이 아닌, 다음 세대를 고려하면서 서로 살아나가기 위한 절실한 행동이다. '당대의 결여'와 현실의 실망으로 인해 '시민권', '문화권', '시민주체성'이 더욱 절실한 꿈이 되었다. 그러므로 그 꿈이 이루어진 아주 먼 미래는 '평등'과 '존엄'이 너무도 당연하여 폐기해야 할 용어가 되어 있어야 할 것이다.

'문화도시 지정이 어떤 의미가 있는가'의 논쟁은 몇 몇 사람의 호불호에 의해 끝날 수 있는 주제가 아니다. 오히려 논쟁의 과정을 통해 '논쟁의 무의미함을 깨달아가는 과정'이 될 것이다. 문화도시를 기획하는 것은 한 점의 오류도 없는 과정을 기획한다는 것이 아니라, 허점을 발견하고 미처 깨닫지 못한 것을 알아가는 과정의 이해를 뜻한다. 지극히 현실주의적 접근 방법을 내포 111

2020 문화도시
사업 중 '꿈의 패턴
시민 워크숍'

2019 문화도시
시민 회의' 중
열린 '아동위원회
정책포럼' 현장

시민발언대
'100년 도시 상상'

〈사진 제공 : 부천문화재단〉

2부 회복력은 어디에서 오는가

해야 한다. 쟁점이 있는 곳에는 지지자와 회의론자가 있기 마련이며, 따라서 어느 하나의 목소리에 끌려가지 않도록 하는 것도 중요하다. 이제 출발선에서 발을 뗀 법정 문화도시의 주체가 되어야 할 시민은 언제 어디서나 배우고, 이해하고, 논의하고, 최종적으로 '인류에게 도움이 되는 나름의 방법'을 찾고자 하는 지칠 줄 모르는 도전과 실천을 해야 할 것이다.

프랑스의 낭만주의 역사가 쥘 미슐레(Jules Michelet)는 그의 저서 『프랑스 혁명사*Histoire de France*』에서 민중에게 능동성을 부여하고 그들을 혁명의 힘 한가운데에 갖다 놓았던 대범함을 보여주었듯이, 문화도시 사업이 과감하게 시민의 자발성을 끌어낸다면 과연 어떤 결과가 우리 앞에 나타날까.

그날이 오면,
우리는 다시 춤출 수 있을까

재난은 도시를 시험한다 : '이 도시에 전염병이 임하리라!'

지금 인류는 코로나19의 급습에 휘청대고 있다. 얼마 전까지 호모 데우스(Homo Deus)의 권좌에 올라 전지전능한 초연결, 초지능 시대를 선포했던 인류가 이제는 전염병의 창궐로 패닉 상태에 빠져 있다. 호모 데우스의 권력은 한순간에 불과했던 것일까? 인류는 기후변화의 심각성과 지구 자원의 한계에 대해서도 그리 위험을 감지하지 못했다. 기술과 자본의 힘을 지나치게 과신했기 때문일까? 이전에 지구를 지배했던 생물종이 그랬던 것처럼 인류도 그들이 누려온 권력의 향유, 탐욕의 흔적들을 어느 지질층에 남기게 될 것이다. 인류세(Anthropocene), 또는 자본세(Capitalocene)라고 명명해놓은 이 지질층은 인류가 그의 탐욕을 절제하

114

2부 회복력은 어디에서 오는가

중세시대 벨기에의 한 도시 투르네(Tournai)에서 흑사병으로 죽은 시신을 관에 넣어 옮기는 모습. Miniature by Pierart dou Tielt illustrating the chronicles by Gilles Li Muisis(1272~1352)

지 못해 벌어질 사태들을 예감하고 미리 짜놓은 관이 아닐까?

재난과 위기에 직면해서야 우리는 우리가 속한 사회의 실상을 알게 된다. 어느 정도 단단한지, 어디까지 충격을 흡수하는지, 그리고 얼마나 탄력적으로 대응할 수 있는지 말이다. 역사를 되돌아보면 전염병에 대한 인류의 대응이 그리 현명하지 못했다는 사실을 깨닫게 된다. 전염병이 야기한 수많은 패닉 사례들을 살펴보면 인류의 행동 패턴은 오늘날 코로나19에서도 여전히 반복되고 있음을 확인할 수 있다. 그렇다. 이 시점에서 과거의 탐구가 중요한 것은 참담한 현실로부터 거리를 두고 냉정하고 침착하게 우리 자신을 비판적으로 성찰하면서 희망을 찾기

115

위함이다.

전염병은 우리가 살고 있는 도시와 그 속에 내장된 사회구조의 한계를 여실히 보여준다. 도시는 인간의 활동을 무한정 수용할 수 없다. 인간의 활동을 지탱할 수 있는 성장의 한계점을 넘지 않는 것이 그 도시의 지속가능성이다(sustainability). 그리고 재난을 당했을 때 얼마나 빨리 그 충격을 흡수하고 원래의 상태로 회복될 수 있는지가 그 도시의 회복력(resilience)이다. 그러나 그 회복력에도 한계점이 존재한다. 그렇다면 우리는 도시가 성장의 한계에 도달하기 전에 먼저 우리의 욕망을 내려놓을 수는 없을까? 어느 지점에서 우리의 욕망을 멈춰야 할지 미리 계산해낼 수 없을까? 지구 생태계의 회복을 위해 우리는 얼마나 우리의 기득권을 포기하고 양보할 수 있을까? 우리는 '팬데믹'을 겪으면서 우리 삶의 조건과 방식에 대해 얼마나 근본적인 변화를 상상하고 있나? 지금 이 사태는 얼마만큼 절박한 상황인가? 그동안 우리가 살아왔던 도시적 삶의 양식을 송두리째 바꾸어야 할 만큼?

우리는 도시를 세운 건설자들과 그 후예의 이야기 속에서 인간의 오만(hybris)을 목격한다. 도시를 세운 처음 건설자들로부터 몇 대(代)가 지나면 그들은 낙관에 젖는다. 인구가 늘어나고 생산력이 증대되면서 도시에는 부가 축적된다. 도시민들은 풍요로운 시기를 구가한다. 이 무렵 통치자들은 쉽게 오만에 빠져 정복 전쟁을 시작한다. 전리품과 노예가 넘쳐나면서 인구가 과잉되면 도시는 서서히 오염되기 시작한다. 몇 가지 전조 증상이 나타나

116

지만 아무도 이에 대해 신경 쓰지 않는다. 그러다가 부패와 오염이 임계점에 이르면 도시에 역병이 창궐한다. 사망자가 속출하고 도시는 거짓 소문과 은폐, 이간질과 사재기로 자중지란에 빠진다. 역병과 내란, 기근이 이어지며 시민은 도시 밖으로 탈출하고 도시는 그렇게 종말을 고한다….

도시경제에 대한 낙관적인 전망, 부의 축적, 풍요, 인구과잉, 오염, 전조 증상, 역병, 전쟁, 기근, 사회의 해체. 어쩌면 그렇게도 인류는 유사한 패턴을 반복하는 것일까? 전염병은 도시의 성장과 번영, 도시 간 무역과 교류를 통해 실려 오고 또 급속하게 확산된다. 콜럼버스는 1492년 카리브해의 히스파니올라섬(Hispaniola)에 도착했을 때 천연두와 홍역도 원주민들에게 덤으로 선사했다. 1910년대 후반에 유행한 스페인 독감(Spanish flu)은 유럽 열강의 식민지 경영과 산업혁명, 철도와 증기선, 세계대전으로 인한 군대의 대규모 이동 루트를 따라 전 세계로 확산될 수 있었다.

오이디푸스의 경우 : '그가 테베에 역병을 몰고 온 원인이다!'

인류는 여러 유형의 괴물 퇴치 신화를 가지고 있다. 도시의 번영과 안전을 위협하는 힘은 신화에서 흉측하고 광폭한 괴물로 묘사된다. 그리스신화에서 이 괴물들은 대부분 가이아(Gaia)가 낳은 자식들이다. 이들은 지진과 화산, 폭풍과 대홍수, 인류가 도   117

저히 거스를 수 없는 압도적인 자연의 힘을 상징한다. 가이아는 지구 지배종의 오만이 넘칠 때 이들을 권좌에서 끌어내리기 위해서 새로운 괴물을 출현시킨다. 제우스는 티타네스(Titanes)[1], 기간테스(Gigantes)[2] 같은 괴물들과의 싸움에서 승리한 후 신들의 도시 올림포스(Olympos)를 건설한다. 그리고 이들 괴물들을 끝없는 지하 구덩이 타르타로스(Tartaros)에 가두고 봉인해버린다. 마치 원전에서 나온 위험한 방사능 오염 물질을 탱크에 넣어서 수천 미터 땅속이나 해저에 묻어두는 것처럼.

인류가 지상에 도시를 건설하는 방식도 마찬가지다. 카드모스는 거대한 용을 퇴치하고 테베(Thebai)를 건설했다. 테세우스는 황소괴물 미노타우로스를 물리치고 아테네(Athenai)를 구해냈다. 헤라클레스는 미케네(Mykenai)를 위협하는 여러 괴물들을 퇴치함으로써 미케네 왕 에우리스테우스의 권력을 공고히 해주었다. 게다가 엘리스의 왕이 기르던 3000마리나 되는 소떼의 악취 나는 분뇨를 근처에 흐르는 강물을 끌어다가 말끔히 청소해주기도 했다(아마도 영웅이 수행한 도시 방역의 최초 사례가 아닌가 싶다).

그런데 신화에는 올림포스 신족이나 영웅이 퇴치한 괴물보다 더 끔찍한 괴물이 등장한다. 눈에 보이지 않는 괴물이기 때문이다. 그래서 더 공포스럽고 두려운 존재들이다. 증오, 질투, 분노,

---

1　가이아와 우라노스 사이에서 태어난, '타이탄'이라 부르는 거신족으로 이들은 우라노스가 차지한 권력을 빼앗기 위해 아들이 아버지를 살해하는 부권쟁탈 살해(patricide)를 반복한다.
2　가이아가 제우스와 올림포스 신족에게 대항하기 위해 두 번째로 보낸 '자이언트'라 부르는 거신족을 말한다.

기근, 질병, 가난, 고통, 노화…. 바로 판도라가 상자를 열자 세상으로 나와 세상에 퍼진 그 재앙들이다. 이들 가운데 질병이 숨어 있었다. 질병이야말로 인간이 신에게 대항하지 못하도록 제우스가 생각해낸 신의 한 수였다. 질병을 보내면 인류는 더 이상 번성하지 못하게 될 것이다. 왜냐하면 증오, 질투, 분노, 가난, 기근, 고통, 사망 같은 것들은 질병이 퍼지면 줄줄이 따라올 것들이기 때문이다.

기원전 431년 아테네에 역병이 발생한다. 그리스의 민주정을 꽃피운 페리클레스(Perikles) 통치 시대였지만 스파르타와의 전쟁에 이어 역병과 기근이 휩쓸고 간 아테네는 그야말로 절망적인 상황이었다. 429년 페리클레스는 죽기 전에 아테네인들에게 큰 위험을 감수하는 일을 피하고 더 이상 전쟁을 벌이지 말라고 당부했다. 그러나 이 시기에 등장한 알키비아데스(Alkibiades; 그는 페리클레스의 조카이고 소크라테스의 제자이기도 했던 인물이다)는 아테네인들의 불안 심리를 해소할 분출구로 시켈리아(지금의 시칠리아) 원정을 주도했다. 결국 이 전쟁에서도 아테네는 참패했다. 이렇게 서서히 해체되어가는 아테네의 상황을 투키디데스(Thukydides)는 『펠로폰네소스 전쟁사The History of the Peloponnesian War』에서 세밀하게 묘사했다. 이와는 또 다른 시선으로 아테네의 역병을 경험한 소포클레스(Sophokles)는 그의 비극 작품 『오이디푸스왕Oidipus Tyrannos』을 아테네의 디오니소스 극장에 올렸다.

이 비극 예술은 오이디푸스가 역병이 엄습한 테베를 바라보며 탄식하는 것으로 시작된다.

119

테베에서 추방되는 오이디푸스와 안티고네(1843 by Ernest Hillemacher)

내 아들들아, 그 옛날 카드모스의 후예인 내 자손들아, 이렇게 양털실을 감은 올리브 가지를 들고 탄원하며 앉아 있는 까닭은 무엇이냐? 온 도시에 향을 태우는 연기와 병의 회복을 비는 기도와 죽은 자들을 위한 애곡 소리가 가득 찬 것은 또 어찌된 일이냐?

역병은 신들의 노여움을 사서 초래된 것인가? 누가 신의 노여움을 살 만한 부정을 저질렀는가? 그 부정을 어떻게 드러내고 정화시킬 것인가? 정화를 위한 제의가 필요하다면 누구의 희생을 바쳐야 하는가? 신탁은 역병의 원인을 테베에서 일어난 어떤 부정한 일로 지목한다. 그 부정은 선왕이 살해당한 일이고 그 살인자를 찾아 추방시키는 것이 이 땅에 만연한 역병의 유일한 치

2부 회복력은 어디에서 오는가

료책이다. 소포클레스의 비극은 이와 같이 역병과 전쟁이 가져온 아테네인들의 불안 심리를 해소하고 정화시켜주는 사회적 기제가 된다. 판도라의 상자에서 나온 온갖 불행의 감정들(욕망, 질투, 분노, 연민, 공포)은 비극 예술을 통해 정화된다. 이렇게 소포클레스의 비극에서 역병은 정치적, 사회적으로도 희생제물(Pharmakos)을 만드는 논리를 정당화한다.

이제 누가 부정을 저질렀는지 만천하에 진실이 드러난다. 오이디푸스가 바로 그 부정한 자였다. 그런데 그는 테베를 스핑크스(Sphinx)라는 괴물로부터 구원한 자가 아닌가! 그가 비록 이 모든 사실을 모른 채 저질렀다고 해도 이 모든 사태의 원인과 책임을 지고 공동체 밖으로 추방되어야 한다. 그는 끝까지 원인을 밝혀서 진실(aletheia)을 알고 싶어 했던 자로서 자신이 그 범인이었음이 드러나자 기꺼이 이 모든 사태의 책임을 떠안고 '희생양(scapegoat)'의 역할을 받아들인다. 그가 테베에서 추방되는 모습은 '죄를 뒤집어쓰고 낙인찍혀 사회에서 추방된 자'라는 의미에서 조르조 아감벤(Giorgio Agamben)이 말하는 '호모 사케르(Homo Sacer)'의 개념과도 통한다.

참 아이러니한 일이다. 테베에 나타난 스핑크스를 물리치고 이 괴물로부터 나라를 구해낸 오이디푸스! 테베 사람들이 진정 마주하기 두려웠던 것은 스핑크스라는 괴물이었나, 아니면 스핑크스가 던진 물음이었나? 스핑크스는 그리스신화의 이전 괴물들처럼 가뭄과 기근, 역병 같은 자연의 재난을 상징한다. 그리고 오이디푸스는 인간의 지식과 기술을 상징하는 인물이다. 인간의

121

지식이 이 공포스러운 괴물을 물리쳤다. 이제부터 자연은 인간에게 더 이상 공포와 두려움의 대상이 아니라 정복과 착취의 대상으로 전락한다.

오이디푸스 신화의 어느 판본에서는 스핑크스가 절벽에서 떨어져 죽었다고 전한다(이 소문은 오이디푸스 신화에 나오는 대표적인 인포데믹(Infodemic)이다. 인간에게 치명적인 유혹과 질문을 던지는 스핑크스는 몸에 날개가 있다. 날개를 가진 스핑크스가 떨어져 죽기는 불가능하기에 사라졌다고 하는 것이 더 설득력이 있다). 그러나 한번 생각해보자. 인간이 올림포스 신들의 권좌를 이어받아 인간의 시대를 열었지만 이 오만하기 그지없는 인류의 미래는 어떤가? 그들이 세운 도시들은 잠시 번성하는 듯하지만 역병이 퍼지며 곧바로 무너진다. 오이디푸스는 인간의 오만함이 초래하는 결과를 보여주는 대표적인 사례가 되었다. 스핑크스의 질문을 자세히 살펴보자.

네 발, 두 발, 세 발인데 하나의 이름을 가진 이것은 무엇인가?

바로 인간이다. 이 답으로 오이디푸스는 폭력적인 자연의 힘을 물리쳤다고 과신했다. 그런데 얼마 후 테베에 역병이 엄습한 것이다. 과연 스핑크스가 오이디푸스에게 던진 질문의 진의는 무엇이었을까? 네 발, 두 발, 세 발 – 이것은 인간이 살아가는 인생 과정에 대한 묘사이다. 스핑크스는 아침에는 네 발, 점심에는 두 발, 그리고 저녁에는 세 발로 다닌다는 인간의 정황과 한계에 대해서 자기 인식을 하도록 요청한 것이다. 인간은 네 발의 시대를 거쳐 두 발로 걷는 시대로 진입한다. 이 시기에 인간은 걷고 뛰고 도시를 건설한다. 작은 도시에서 출발한 로마가 그랬듯 정복을 일삼으며 제국을 확장한다. 그러나 이제 머지않아 인간은 마지막 단계인 세 발의 시대로 들어가야 한다. 이른바 성숙의 단계이다.

빠른 성장에서 더딘 걸음으로 지팡이에 의지하여 노년의 시대를 맞이해야 하는 것이다. 세 발의 시대로 가기 위해선 겸손이 필요하다. 스핑크스가 오만하기 그지없는 인간에게 일깨워주려고 했던 것은 바로 겸손이다. 네 발에서 두 발로, 두 발에서 세 발로 걷는다는 이 인간의 조건에서 오이디푸스는 이미 자신의 운명적 한계를 노정하고 있다. 그는 걷는 데 문제를 안고 있는 사람이다. 그의 부모가 어린 그의 발목을 묶어서 버렸기 때문에 그의 발은 부어 있었다. 그래서 그의 이름이 '오이디푸스'(oideo 부어오른, pous 발)가 된 것이다. 인류의 문명과 인간이 건설한 도시에도 스핑크스의 질문은 똑같이 유효하다.

다윗왕의 경우 : '그가 백성들을 온역으로 내몰았다!'

다윗은 이스라엘 역사에서 가장 위대한 인물로 평가되는 왕이지만 구약성경에 나오는 그의 마지막 이야기는 전염병과 재앙에 휩싸인 이스라엘의 참담한 광경을 바라보며 탄원하는 다

123

윗의 기도로 마무리된다. 위대한 성군 다윗의 영광스런 은퇴를 기대했건만 그는 우리의 기대를 여지없이 짓밟는다. 그의 통치는 영광과 축복 대신 어둡고 불행한 엔딩으로 막을 내린다. 다윗의 치세를 결론적으로 요약하는 이 내러티브는 사무엘하 24장과 역대상 21장에 기록되어 있다. 문제는 이 내러티브를 우리가 어떻게 읽고 해석하느냐이다.

다윗은 군대를 동원하여 인구조사(sensus)를 한다. 다윗의 치세 때 이스라엘은 영토가 확장되고 급속한 인구 증가와 경제 발전으로 풍요의 시대를 구가한다. 군사력과 경제력에 대한 자신감, 이것이 그가 인구조사를 실시하게 된 배경이다. 인구조사의 초점은 전쟁에 나갈 만한 자, 군사로 징집할 장정을 계수하는 데 맞추어졌다. 그리고 인구조사는 더 많은 세금 부과를 위해서도 필수적이다. 이것이 왜 '통계학(sraristics)'이 인구통계에서 시작되었으며 국가를 뜻하는 말(state)에서 기원했는지 잘 설명해준다. 다윗은 뒤늦게 이 행위가 죄악임을 깨닫고 하나님은 선지자 갓을 보내어 세 가지 징벌 가운데 하나를 선택하라고 한다. 전쟁과 전염병, 그리고 기근이다. 그런데 징벌의 기간이 다르다. 3년간의 기근(어떤 기록에는 7년), 3개월간의 칼, 그리고 3일간의 온역.

다윗의 선택은 온역이었다. 다윗은 사람의 손에 빠지기보다 하나님의 손에 자기의 운명을 맡기는 편이 낫다고 생각했다. 3년간이나 기근이 계속되면 그의 왕국은 백성들의 원성으로 가득 차게 될 것이다. 세 달간이나 대적에게 쫓겨 다니는 일도 평생을 사울에게 쫓기며 살았던 트라우마를 겪은 다윗으로선 감

124

다윗 치세의 역병(The Plague in the Reign of David, Guy Louis Vernansal I, 1675)

당하기 힘든 징벌이었다. 그보다는 3일 동안만 견디면 끝나는 전염병이 가장 만만해 보이지 않았을까. 하지만 이 선택마저도 실패한 선택임이 곧 드러난다. 다윗의 기대는 여지없이 무너진다. 전염병이 시작되니 이스라엘 전역에서 7만 명이나 죽었다. 죽음의 천사가 전염병으로 예루살렘을 멸하려고 손을 들었을 때 하나님은 마음을 바꾼다. 멸망의 위기에 놓인 예루살렘을 보고서야 다윗은 그의 선택이 악하였음을 자복한다. 이 내러티브는 죽음의 천사가 서 있던 아라우나의 타작마당(threshing floor of Arau-

그날이 오면, 우리는 다시 춤출 수 있을까

nah)을 다윗이 사서 거기에 제단을 쌓고 번제(燔祭)와 화목제(和睦祭)를 드리는 것으로 마무리된다.

이 이야기가 주는 메시지는 분명하다. 이스라엘이 추앙하는 다윗이 그리 이상적인 군주가 아니며 심지어 하나님 보시기에 악하다는 경고다. 무엇에 대한 경고이고, 무엇에 대한 진노일까? 그는 자신의 이기적인 권력욕에 충동되어 인구조사를 하고 왕국의 확장과 정복 전쟁을 위해 수많은 물자를 쌓아둔다. 그러나 그가 온역을 선택하면서 그의 백성이 삽시간에 멸절되는 사태를 눈앞에 목격하고서야 그동안 자신의 행위와 선택이 악하고 부질없는 일이었음을 깨닫는다. 사무엘서는 이 내러티브를 통해 이스라엘이 선지자를 따르기보다는 다른 나라들처럼 왕을 세우고자 했던 그 의도가 악했으며, 그들이 성군이라 치켜세우는 다윗조차도 매우 이기적이고 현명하지 못해서 재난으로부터 자기 백성을 구하는 데 무능한 군주였음을 폭로하고 있다.

다윗의 내러티브는 우리가 함부로 우리의 권력을 위임해서는 안 된다는 교훈을 제공한다. 정치권력은 다윗의 선택이 그랬던 것처럼, 대중의 희생을 어쩔 수 없는 것으로 만들어버린다. 정치권력의 손에 우리의 운명을 맡겨서는 안 된다. 코로나19는 우리나라 종교계의 사회 인식 수준과 종교 제도의 한계도 노출시키고 있다. 누군가 병의 확산에 책임을 질 집단으로 지목되는 경우 여론이나 권력은 이 사태에 대한 설명과 책임을 추궁할 방편으로 이들을 '희생양'으로 낙인찍는다. 신천지는 개신교가 이단시해온 집단이다. 교회 내에 잠입하여 일정 기간 신분을 숨기고 활

126

동하는 그들의 포교 방식은 코로나19의 특성과 매우 닮아 있다. 올해 2월 대구에서 이들의 집회 모임을 통해 코로나19가 확산되었을 때 이들에 대한 정부와 지자체, 여론의 대응은 어떠했는지, 특히 기독교계의 반응은 어떠했는지 돌아볼 필요가 있다.

코로나19가 장기화되면서 교회의 예배 행위가 코로나19의 온상이 될 수 있다는 지적이 일었다. 그리고 주일예배의 자제, 예배 중지 권고는 교회 권력에게 존립의 위협으로 받아들여졌다. 이런 분위기에서 사랑제일교회를 중심으로 정치 세력과의 결탁과 방조가 8월 광화문 사태로 이어졌다. 그러나 코로나19에 대응하는 종교계의 자세는 여전히 수동적이며 집회 활동의 위축으로 손상될 권위에 대한 걱정에 사로잡혀 있다. 안식일보다 사람이 더 중요하다는 기독교 본연의 가르침은 한국 교회에서 실종되었는가? 오늘날 위기에 몰린 기독교를 바라보며 사람들은 일제강점기에 대처했던 교회의 처신을 떠올린다. 일제의 폭압 통치가 갈수록 심해지면서 나치 치하의 독일 교회들처럼 당시 많은 교회 지도자들도 눈에 보이는 교회의 존속을 위해 일제에 부역하는 과오를 남겼다.

과연 코로나 시기에 교회의 예배는 어디서 이루어져야 하는가? 예루살렘의 멸망이 임했을 때 다윗이 회개하며 번제와 화목제를 드린 장소는 기존의 예배 장소가 아니라 죽음의 천사가 멈춰선 곳이었다. 그렇다면 그 장소는 코로나19로 고통 받는 이웃들이 신음하고 있는 삶의 장소가 되어야 하지 않을까? 예배는 본질적으로 어떻게 드려야 하는가? 아라우나는 기꺼이 자신의

127

타작마당과 소를 내놓기를 원했고, 다윗은 그 장소와 재물에 대해 온전히 값을 치르기를 원했다. 하지만 지금 교회는 무엇을 내놓아야 하는지, 무엇에 대해 대가를 치러야 하는지, 그 이유를 잘 알지 못한다. 인류가 행해온 지배와 착취, 풍요와 안락함에 대해, 그리고 사회직 약자인 이웃과 자연 생명의 탄식에 대해서 이제 그들의 응답이 남았다.

흑사병이 창궐한 중세도시 : '유대인들이 우물에 독을 풀었다!'

1348년 유럽에 만연했던 흑사병(the Black Death)은 피렌체에 도달했다. 이 병의 가장 공포스러운 점은 사람과 사람 사이의 연대와 신뢰를 일시에 무너뜨렸다는 점이다. 당시에 사람들은 이 질병이 오염된 공기를 통해 전파된다고 생각해서 남편과 아내, 부모와 자식, 형제들까지도 서로를 외면하고 모든 사람이 각기 고립된 섬으로 가서 그저 죽음을 기다려야 했다. 거리에 내다버린 시체가 부패해 썩는 냄새가 코를 찔렀고, 시신을 넣을 관도 모자라 묘지 구덩이에 두세 구씩 시신을 한꺼번에 묻는 일이 다반사였다. 보카치오(Giovanni Boccaccio)는 이 끔찍한 경험을 『데카메론De-cameron』에 기록했다. 『데카메론』은 피렌체의 흑사병을 피해 모인 7명의 여성과 3명의 남성 젊은이가 10일 동안 한 사람씩 돌아가며 들려주는 100개의 이야기다.

공포와 죽음에 내몰린 도시민들은 증오, 분노의 희생양을 찾았다. 1349년 프랑스 알자스 지방의 항구도시 스트라스부르(Strasbourg)에서는 유대인들이 우물에 독을 풀었다는 소문이 퍼지면서 2000여 명의 유대인들이 기독교로 개종하느냐 화형을 당하느냐 양자택일을 강요받고 절반의 유대인들이 산 채로 화형을 당했다. 유대인에 대한 제노사이드(genocide)가 유럽 전역의 도시에서 일어나면서 유대인들은 도시 군중들 앞에서 모욕을 당하거나 죄를 자백하라고 강요받으며 고문을 당했다.

이와 같이 전염병의 창궐로 사회질서와 관습, 사회적 연대가 해체되면서 가장 먼저 희생을 당하는 계층은 누구인가? 바로 그 사회에서 소외된 소수집단이다. 가난한 계층, 이단이나 유대인 공동체, 집시 같은 유랑 집단, 천한 직업에 종사하는 자들이다. 이들은 다른 곳으로 피신할 여력도 없고, 주거 환경은 열악하기 그지없고, 질병의 유포자로 낙인찍혀도 그런 음해와 박해에 저항할 만한 아무런 힘도 갖지 못했다. 그들은 숨을 내쉬는 것만으로도 병을 퍼뜨리고 선량한 도시민들을 죽게 만든다고 여겨져 사회적 혐오의 대상이 되었다.

유대교의 제사 전통에는 부정을 씻어내는 서로 다른 두 가지 방식이 존재한다. 먼저 '속죄제(Sin offering)'는 죄를 저지른 자의 부정을 씻고 정결함을 얻기 위해서 희생 제물로 바쳐지는 동물의 피를 흘리는 제사의식이다. 피 흘림이 없이는 죄 사함이 없다는 원칙은 대속의 희생 제물이 있어야만 그 죄가 속량될 수 있다는 종교적 관념이기도 하다. 죄를 용서받기 위해서는 죄 없는 자가 그 죄를 대신 떠안아서 피를 흘리고 죽어야만 한다. 이때 대신

129

희생을 당하는 동물은 흠이 없고 정결한 수송아지로 죄 없는 자의 희생 제물로 바쳐진다.

'속죄양(Scapegoat)'은 구약의 레위기에 따르면 유대인의 속죄일에 그 사회의 죄와 부정함을 동물에게 전가시키고 그 동물을 사막으로 추방해서 방황하다가 죽게 만드는 세도이다. 속죄양 개념은 기독교에서 세상 죄를 지고 가는 어린 양으로서 장차 그리스도가 겪게 될 수난의 과정으로까지 확장된다. 이 속죄양은 정치적으로는 재난의 원인으로 누군가를 지목해서 그에게 모든 죄와 책임을 돌리고 그를 공동체 밖으로 추방하는 고대 그리스 사회의 관습과도 유사하다. 특히 국가적 재난이 발생하는 경우(역병은 대부분 기근이나 전쟁보다 더 심각한 재난으로 다가온다) 그 사태의 책임을 통치자에게 돌려서 그를 왕위에서 끌어내리고 나라 밖으로 추방하는 경우도 종종 있었다.

14세기 중세 유럽에 흑사병이 걷잡을 수 없을 정도로 퍼졌을 때 그들은 이 질병이 몰고온 개인적 공포와 두려움으로부터 벗어나고자 희생양을 찾았다. 이렇게 누군가를 사회적 폭력의 대상으로 삼아 부정을 저지른 자를 사회에서 추방함으로써 그들은 질병으로 붕괴된 중세 사회의 절망으로부터 벗어나고자 했다. 오늘날 '방역'을 뜻하는 '쿼런틴(quarantine)'이란 말은 40일을 뜻하는 '쿼란타(quatanta)'에서 유래했는데 이는 당시 유럽의 작은 항구도시 라구자(Ragusa)에서 질병의 확산을 막기 위해 방문자들을 40일간 도시 밖에서 머물도록 격리 조치를 취한데서 시작되었다고 한다.

보카치오의 데카메론(1837),
Franz Xaver Winterhalter. The Princely Collections, Liechtenstein

코로나19로 멈춘 21세기의 도시 : '우리는 공평한 전염병을 원한다!'

　많은 해외 언론이 우리나라의 방역을 성공적이었다고 평가하
고 있다. 공적 마스크의 보급과 신속한 검사, 감염자들에 대한
동선 추적과 선별적 격리, 투명한 정보공개 등 우리의 대응 방식
을 긍정적인 모델로 보고 있다. 그러나 우리는 너무 쉽게 그들의
평가에 취해 있다. 과연 성공적이었을까? 아직도 우리는 국가적
방역에 일사불란하게 움직이는 국민국가 시스템에 머물러 있는
게 아닐까? 지역은 주체적으로 지역의료와 보건, 사회안전망을

만들어가고 있는 것일까? 지역마다 코로나19에 의한 타격과 피해가 다르다. 수도권이냐 지방이냐, 대도시냐 소도시냐에 따라, 그리고 성별, 계층, 세대, 경제 수준에 따라 그 충격과 수혜도 저마다 다르다. 우리가 겪고 있는 전염병은 결코 평등하지 않다. 부유층이나 신분이 높은 계층, 정치권력을 가진 자들은 전염병의 피해에 덜 노출된 반면, 빈민층과 영세자영업자는 사지로 내몰렸다.

미국과 유럽에서는 이번 코로나19로 흑인과 유색인에 대한 혐오(xenophobia), 인종차별, 희생양 만들기를 반복하며 역사적으로 확산된 전염병들이 모두 아시아로부터 왔다는 잘못된 정보를 확산시키고 있다. 중세에 유럽인들은 흑사병이 중동 이슬람 세계에서 왔다고 믿었기에 '오리엔트 역병(Oriental Plague)'으로 불렀고, 미국인들은 코로나19의 진원지를 중국이라고 규정함으로써 아시아는 더럽고 무지하고 열등하다는 편견과 차별의 낙인을 찍어버렸다. 교도소의 재소자들은 코로나19의 위험 앞에 일반 주민과 평등하게 대우받고 있는가? 이 위기 상황에서 정부는 외국인 근로자와 홈리스까지 신경 쓸 여유가 없다고 그들의 목소리를 외면하고 있는 것은 아닐까?

코로나19는 어쩌면 현대에 나타난 스핑크스의 또 다른 모습일지도 모른다. 어느 날 테베에 나타났던 스핑크스처럼, 이번에는 코로나19라는 괴물이 나타나 인류에게 던지는 질문이 무엇인지 우리는 깨달아야 한다. 코로나19를 관리하는 국가권력에게 우리는 너무도 쉽게 우리의 자유와 권리, 우리에 관한 정보를

132

내어주고 감시 시스템을 받아들인다. 비상 상황이라는 이유로 우리는 더 이상 과정에 대해 묻지 않고 권력의 '블랙박스' 장치를 승인한다. 투입과 산출, 효율성과 편리성만 확인되면 우리는 아무 생각 없이 승인 버튼을 누른다.

'K-방역(K-Quarantine)'의 성공 뒤에는 우리가 알게 모르게 묵인하고 승인해온 하부 시민계층의 희생이 층층이 쌓여 있는 것은 아닌지 되돌아봐야 하지 않을까? 얼마 전 추석 명절 연휴를 앞두고 전국의 택배기사들이 과도한 노동 부담을 호소하면서 택배 분류 작업을 거부하기로 했다. 이들의 행동은 더 이상 자기 운명을 기존 권력에게 위임하지 않고 직접 정치세력화해서 시민적 권리를 행사하겠다는 결연한 의지를 보여준다.

한 도시의 번영과 성장은 그 도시가 위치한 지역과 어떤 관계를 맺고 자원을 교류하며 공생할 수 있는지 여부에 달려 있다. 어느 한 도시의 거대도시화는 필연적으로 인접 도시들을 식민화하고 종속시키며 인근 지역의 자원을 고갈시킬 수밖에 없다. 고대 아테네의 경우를 보라. 페리클레스가 남긴 현명한 유언에도 불구하고 아테네 시민들은 이미 제국의 길로 치닫는 도시의 속도를 제어할 수 없었기에 결국 무너지고 말았다. 그리고 투키디데스는 그런 아테네의 혼란과 멸망의 과정을 우리가 교훈으로 삼을 수 있도록 기록으로 남겼다. 그렇다면 도시가 이미 선을 넘어 성장의 극대화로 치닫기 전에, 다윗처럼 인구조사를 하기 전에, 우리가 분명히 우리의 의지로 '리셋' 단추를 누르거나 일시 멈춤 단추를 누를 수 있다면 우리에게는 아직 기회가 남아 있는

133

것이 분명하다. 그것이 우리가 잡을 수 있는 마지막 희망이다.

2부 회복력은 어디에서 오는가

안전한 공간에서 이야기를
확장하자

.... 김찬호 성공회대 초빙교수

새소리가 들려오는 숲속을 걷다가 문득 궁금해졌다. 왜 동물들은 바이러스에 치명적인 피해를 입지 않을까? 사실은 그들도 감염이 되지만 일정한 범위를 넘어서지 않는다. 집단들 사이에 일정한 간격이 유지될 뿐 아니라, 무엇보다도 하나의 무리를 이루는 개체수 자체가 적기 때문이다. 인간에게 가장 가깝다고 하는 침팬지들도 100마리를 넘지 않는다. 그에 비해 인간은 문명과 도시가 발생한 이후 수십만 명 이상이 모인 집단을 이루어 서식해왔고, 이제는 지구촌 전체가 하나의 시스템 속으로 통합되어 있다. 그 결과 한 지역에서 일어난 일이 다른 곳에 곧바로 영향을 준다.

코로나 팬데믹은 그런 조건 속에서 일어났다. 효율적 생산과 풍요로운 소비를 위해 구축된 거대한 상호연결망을 통해 바이

135

러스가 전 세계로 뻗어나갔다. 인류는 여러 가지 재난을 경험해왔는데, 그때마다 사람들은 헌신과 돌봄, 자발적인 상호부조, 영웅적인 희생정신 등을 통해 위기를 극복했다. 리베카 솔닛(Rebecca Solnit)은 그것을 가리켜 '재난 유토피아'라고 했다. 그런데 전염병이 창궐할 때는 그런 위대함이 발현되는 데 너무 제약이 많다. 무엇보다도 피해자들에게 도움을 주기가 어렵다. 치료가 최우선인 상황에서 의료 전문가가 아닌 일반인이 할 수 있는 일이 거의 없기 때문이다. 게다가 그들이 잠재적 가해자로 여겨지면서 기피와 격리의 대상이 되거나 사회적 낙인이 두려워 스스로 위축되고 숨어들기 때문이다.

지금 가장 강조되는 생활 수칙은 사회적 거리두기이다. 문명사적 대재앙을 맞은 인류는 그 어느 때보다도 전 사회적인 협력을 절박하게 요구받고 있는데, 협력의 내용은 아이러니하게도 접촉을 피하고 서로를 최대한 멀리하는 것이다. 그 결과 치러야 하는 대가는 상상을 초월한다. 우선 경제적인 차원에서 항공, 숙박 등 여행 상품 관련 분야가 뿌리째 흔들리고 있고, 제조업도 한국처럼 수출의존도가 높은 나라에서는 치명타를 입는다. 두 분야뿐만 아니라 그 외 중소상공인 및 자영업자들이 직접적으로 큰 타격을 받고 있다. 심리적인 차원에서 보면 사람들 사이의 만남이 차단되면서 일상이 극심하게 침체되고, 집에서 가사와 돌봄 노동에 시달리는 주부들의 곤경은 엄청나다.

머물 장소, 할 일, 사람

비대면의 세계가 확대되는 가운데 온라인에서 보내는 시간이 늘어난다. 만일 인터넷이 아직 보급되지 않은 상황에서 팬데믹이 왔다면 교육과 산업 그리고 우리의 여가 생활에 이르기까지 타격은 훨씬 컸을 것이다. 사이버 세계가 활짝 열려 있고, 그곳에는 바이러스가 절대로 침투할 수 없다는 것이 얼마나 다행스러운 일인가. 하지만 물리적으로 격리되고 고립된 가운데 영상을 소비하는 시간이 길어지면서 우리의 마음은 점점 음울해지기 쉽다. 타인과의 인격적인 교류가 끊긴 채 욕망을 부추기는 이미지들만 하염없이 서핑하고 있다 보면 불행 감각이 날카로워지기 때문이다. 돈벌이든 인기든 '잘나가는' 몇몇 사람들에 눈길이 쏠리면서, 이 세상에 나만 뒤처져 있다는 자괴감에 시달린다. 그 광활하고 현란한 공간 안에서 대부분의 사람들이 자신의 존재감을 확인하기는 너무 어려운 것이다.

암울한 여건 속에서도 우리는 건강한 일상을 꾸려가야 한다. 그러려면 무엇이 필요한가. 세 가지를 생각해볼 수 있다. 첫째, 어떤 목적을 위해서 갈 곳 또는 마음 편하게 머물 장소가 있어야 한다. 둘째, 돈벌이든 가사 노동이나 돌봄이든 취미 활동이든 공부든 적절한 수준에서 할 일이 있어야 한다. 셋째, 가족이든 친구든 이웃이든 함께 시간을 보낼 수 있는 사람이 있어야 한다. 이 세 가지는 밀접하게 연관된 것으로, 적절한 균형으로 배합되어 영위될 때 삶이 온전해질 수 있다.

137

세 가지 가운데 어떤 것이 더 중요하거나 문제가 되는지는 사람 또는 처한 상황에 따라서 다르지만, 어느 경우에도 타인과의 관계는 행복의 결정적인 변수가 된다. 특히 비대면 사회라면 이 부분이 더욱 어려워진다. 한국인들은 그동안 일과 공부에 매진하느라 소통하는 기술이나 능력을 제대로 익히지 못했는데, 그 약한 고리가 재난으로 일상에 제동이 걸리면서 확연하게 드러나는 것이다. 고립감과 우울에 시달리는 이들이 늘어나고, 식구들과 오랜 시간 함께 보내면서 갈등이 깊어진 가정이 적지 않다.

오래 이어지는 사회적 거리두기는 그동안 우리가 맺어온 사회적 관계들을 돌아보는 쉼표가 될 수 있다. 학연이나 지연을 따라 모임을 만들고, 밤늦게까지 회식을 하고, 카톡방을 만들어 교류하고…, 그러한 행위들 속에 깃든 마음의 풍경은 무엇이었는가. 오가는 대화들은 삶의 생생한 표현이었는가, 아니면 소란한 세상사의 증폭 또는 누군가에 대한 뒷담화가 주를 이루었는가. 서로를 이어주는 고리는 관계 자체에 대한 소망인가, 아니면 이해관계나 권력관계인가.

관계 속에서 삶을 회복해야 한다. 그러려면 언어를 통해 존재를 창조할 수 있어야 한다. 일찍이 김춘수 시인이 「꽃」이라는 시를 통해 일깨워주었듯이, 말을 한다는 것은 단순한 신호의 교환이나 정보의 전달이 아니라, 리얼리티 자체를 생성해가는 행위다. 내가 너를 어떻게 불러주는가. 그것은 곧 나 자신을 어떻게 호명하는가와 맞물려 있다. 바로 거기에서 이야기가 빚어진다. 인간이 동물과 구별되는 지점은 경험을 의미화하고 사회적으로

138

공유하는 것이다. 이것이 바로 문화의 핵심인데, 그 속성은 유전자 시스템과 달리 다양하고 가변적이다. 그래서 인간은 똑같은 세계 속에서 살아가면서도 전혀 다른 스토리를 지어낼 수 있다. 또한 시간이 경과하면서 과거를 전혀 다른 관점으로 풀어낼 수 있다.

고독의 시간에 배우는 '독립' 훈련

나는 누구인가? 내가 나일 수 있는 근거는? 인간의 정체성은 현실을 해석하는 방식에서 확인할 수 있다. 그리고 그 메시지를 타인과 나눌 수 있을 때 관계는 깊고 넓어진다. 서로의 이야기를 들을 수 있는 공동체에서 우리는 자유롭게 삶을 펼쳐낼 수 있고, 이야기가 확장되는 가운데 새로운 존재로 거듭날 수도 있다. 예를 들어 알코올중독자들의 자조 모임에서는 멤버들이 자신이 어떻게 굴레에서 벗어났는지를 증언하면서 서로의 용기를 북돋는다. 자신의 이야기가 들려지는 공간에서 스스로 알지 못했던 잠재력을 자각하면서 변화의 출구를 탐색한다.

여기에서 핵심은 안전함이다. 저 사람이 나를 어떻게 평가할지에 대한 두려움이 없어야 한다. 자신의 지질하고 못난 모습을 애서 감출 필요가 없고, 학력이나 수입, 아파트 평수나 자녀의 성적 등으로 우쭐대거나 주눅 들지 않아야 한다. 어떻게 하면 그런 것들에 신경 쓰지 않으면서 관계를 맺을 수 있을까. 인간의

안전한 공간에서 이야기를 확장하자

본질을 직시하면 된다. 삶이 얼마나 취약한지를 깨달으면 된다. 정도의 차이가 있을 뿐, 누구나 상처를 받고 이런저런 고통에 시달리며 마음이 부서진다. 그런데 마음이 깨지는 모습은 전혀 다른 방향으로 나뉘는데, 파커 파머(Parker Palmer)는 『비통한 자들을 위한 정치학』[1]에서 이렇게 설파한다.

> 마음이 부서져 흩어질 때(broken apart), 그것은 폭력의 씨앗을 뿌린다. 수천 개의 사금파리로 폭발하면서 그 파편이 적에게 날아간다. 그렇게 부서진 마음은 해결되지 않은 상처로 남아 자신과 타인을 계속 괴롭힌다. 마음이 부드러울 때, 그것은 우리 자신과 세상의 고통을 끌어안는 더 커다란 능력으로 부서져 열릴 수(broken open) 있다. 그것은 치유의 근원이 되어 타자와의 공감을 심화하고 그들에게 이르는 능력을 확장시킨다.

인간이 폭력으로 치닫는 것은 고통을 다루는 법을 모르기 때문이라고 파머는 『모든 것의 가장자리에서』(글항아리)라는 책에서 말했다. 우리 사회를 들여다보는 렌즈가 될 수 있을 듯하다. 사소한 것에 화를 내고 공격적인 언사를 퍼붓는 사람들은 삶에서 겪어온 고통을 감당하지 못해 타인에 대한 증오로 투사하는 것이라고 보면 된다. 고통을 고통으로 전가하는 악순환에서 벗어

1 파커 J. 파머, 김찬호 옮김, 「비통한 자들을 위한 정치학」, 글항아리, 2012.

나려면 연민의 마음이 열려야 한다. 고통을 폭력으로 표출하는 것이 아니라 성찰의 언어로 표현할 수 있는 사회적 공간이 절실하다.

방역을 위한 멈춤의 시간이 길어지면서 우리의 삶은 고립되고 분절되어간다. 마음을 추스르고 사회를 복원하는 실마리를 어디에서 찾을 수 있을까. 파편화된 '점'들을 '선'으로 잇고, 그것을 다시 '면'으로 조립하는 도전이 다양하게 이뤄져야 한다. 비대면 상황에서 널리 보급된 줌(zoom) 같은 미디어도 활용하기에 따라 참신한 실험의 공간이 될 수 있을 듯하다. 그러려면 무엇이 삶을 윤택하게 하는지 잘 분별해야 한다. 인맥의 범위나 소통의 빈도에 집착하지 않고 관계의 밀도를 충실하게 다져가는 것이 중요하다.

그런 '리모델링'을 위해서 점검해야 할 것은 자신의 존재가 어디에 뿌리를 내리고 있는가이다. 내면의 중심이 분명하게 세워진 사람만이 인간관계에서 자기중심성에 얽매이지 않을 수 있다. 모처럼 주어진 '고독'의 시간이 '고립'으로 내몰리는 것이 아니라, 스스로 '독립'을 훈련할 수 있다면 타인과의 만남도 한결 충실해진다. 자족의 넉넉함과 환대의 너그러움으로 상대방을 기꺼이 맞아들일 수 있기 때문이다. 세상이 잠시 멈춰선 지금, 우리 안에서 고요함을 되찾고 더 나은 삶을 상상해보자. 스리랑카의 철학자 아난다 쿠마라스와미(Ananda Coomaraswamy)의 말을 되새겨본다. "존재를 멈추지 않고서는 어떤 생명도 한층 더 높은 차원의 존재로 승화할 수 없다."

141

산골 마을을 바꾸는 '군겐도(群言堂)' 정신을 배우다

—모리 마유미·마쓰바 도미 대담,
『젊은이들이 모여드는 산골기업, 군겐도를 말하다』

········ 최서영 (주)더페이퍼 대표

1993년 둘째를 막 낳았을 무렵 남편이 용인으로 발령이 났다. 서울을 떠나본 적이 없는 나는 낯선 도시 수원으로 이주하였다. 28년을 수원에서 살아가며 나름 니 자신의 삶을 꾸려왔다고 하지만 알 수 없는 외로움과 일상에 지쳐갈 때『골목잡지 사이다』를 만들기 시작했다. 현재는 10여 명의 직원과 지역문화와 관련된 잡지도 내고, 책도 만드는 일을 하고 있다.

어쩌면 그때부터였을지도 모른다. 무모하게 자꾸 일을 벌이는 나를 걱정하는 이야기를 주변에서 많이 듣게 되었다. 그러면서 나는 나에게 묻곤 했다. 나는 어떤 사람일까? 무엇을 좋아하고, 무엇을 하고 싶은 것인가? 이 대답에 대한 고민을 늘 일상 속에서 마주했다. 여기에 답하지 않고서는 앞으로 나아가기 어렵겠다고 생각했다.

142

마침 이번 편집회의에서 고영직 선생이 『젊은이들이 모여드는 산골기업, 군겐도를 말하다』[1]라는 책의 서평을 써보라고 권했다. 이 책을 읽으면서 나는 나름의 대답을 찾은 것 같다. 수많은 사람과 인연을 맺고 서로 기대어 살아가는 것이 사람이라는 사실을 알게 되었으니 이 또한 고마운 인연이다.

현재 인구 500명, 한때 20만 명이 넘는 사람들이 살던 이와미(石見)는 일본 최대의 은(銀) 산출량을 자랑하던 은광이 폐광하면서 쇠락한 산골 마을이다. 이 책은 이와미에서 100여 명의 청년 일자리를 창출한 산골기업 '군겐도(群言堂)'의 대표 마쓰바 도미(松場登美) 여사가 일본 내셔널트러스트 이사를 지낸 환경 보존 활동가 모리 마유미(森まゆみ)를 만나 생명과 환경, 기업에 대해 허심탄회하게 이야기 나눈 것을 모은 것이다.

군겐도, 사람이 모이고 뜻이 모이는 곳

모두가 시골을 떠나 사람도 돈도 도시로 향할 때 마쓰바 도미는 도시를 떠났다. 서른두 살 때 어린 딸의 손을 잡고 남편의 고향인 일본 시마네(島根)현 오다(大田)시 이와미 산골로 이사했다. "풀씨는 바위 위에 떨어져도 거기에 뿌리를 내리지 않으면 안 된

---

1   모리 아유미 · 마쓰바 도미 대담, 정영희 옮김, 『젊은이들이 모여드는 산골기업 군겐도를 말하다』, 이유출판, 2020.

다. 풀처럼 유연하게, 자신의 자리에서 성장해나가면 된다. 그리고 결국은 이와미로 돌아가리라는 사실을 알았습니다."

대량생산 대량소비의 시대, 아무리 팔고 또 팔아도 기계에서 끊임없이 쏟아져 나오는 풍요로운 시대. 그래서 끝도 없이 쫓겨야 하는 삶. 이렇게 고도성장의 꿈에 지쳐갈 때, 그녀는 수량과 속도에 압도당하지 않는 삶을 찾아 산골로 들어간다. 나는 이 대목에서 내가 지금 무엇 때문에 지쳐 있는지 깨달을 수 있었다.

"고생해서 무언가를 해내야 한다면 함께하자. 그리고 장사로만 그치는 게 아니라 한 발 더 깊숙이 사회에 참여하고 싶습니다."

마쓰바 도미가 시골로 향하며 남편에게 한 말이다. 그녀는 활동가라기보다는 장사꾼이다. 그녀는 물건을 만드는 것도 중요하지만, 물건을 팔아야만 가치가 생긴다는 확고한 생각을 가진 제대로 된 장사꾼이다. 물건을 만드는 것도 좋지만, 그것을 팔아 이익을 만들고 그 이익을 굴려 뭔가 재밌는 일을 하고 싶어 하는 정직하고 올바른 비즈니스에 뜻을 둔 사업가다.

몸에는 편하고 마음에는 건강한 옷, 군겐도

그녀는 패션 브랜드 '군겐도'를 만들며 오래된 것의 가치와 버려진 것의 아름다움에 특별한 관심을 가졌다. 지역에 뿌리내린 사고방식과 일본 문화를 활용할 때 가장 중요한 것은 그곳의 '역사'와 '스토리'가 담겨야 한다는 생각으로 그 땅에 뿌리내린 물

144

건을 만들기 시작한다. 옛것의 가치 위에 그녀의 감각과 시대성을 덧붙여 군겐도만의 옷을 만들어간다.

군겐도의 옷을 표현하는 대목이 나온다. "맞아요. 입으면 입을수록 느낌이 좋아지는 옷. 그런 옷을 만들고 싶습니다." 입었을 때 편한 옷, 옷을 입으면 안정이 되는 옷, 훨씬 더 나답게 존재할 수 있는 극히 평범하고 일상적인 옷, 빨면 빨수록 세월이 더해져 정이 드는 옷을 만들고 싶었다고 한다. 천이 가진 표정과 세월의 질감이 밴 옷. 나도 오직 나에게 맞는 그런 옷을 입고 싶다고 생각했다.

군겐도는 단순한 의복 브랜드를 넘어, 기분 좋은 삶을 위한 라이프스타일, 서로 돕고 배려하는 상호부조의 커뮤니티까지 함께 제안하고 있으며, 일과 삶이 함께한다는 것이 어떤 것인지 보여주고 있다. 옷 입는 행위 위에 철학, 생활, 삶의 방식과 의도 같은 것들을 만날 수 있다. "군겐도에는 '특별히 어떤 것이 대단하다'거나 '개별적으로 뛰어난 것'이라고는 하나도 없습니다. 아무 것도 없다는 의미가 아니라 제각각 다양한 것들이 존재하고 그것이 모여 재밌는 그림이 완성된다는 의미이지요."

오래된 집을 고쳐 마을을 살리고

오모리(大森) 마을은 인구가 줄면서 빈집이 늘었다. 마쓰바 도미는 오래된 것의 가치를 되살리고 생활에 아름다움을 더하고

자 빈집을 사서 고치기 시작했다. 지금은 에도시대 촌장의 집을 사들여 10년 넘게 손보아 군겐도 본점으로 사용하고 있다. 빈집을 하나하나 매입한 것이 어느새 열 채가 넘는다. 그렇게 되살린 집을 본점으로, 직원 숙소로, 살림집으로 쓰고 원하는 젊은이들에게 임대도 하고 있다. 시금은 게스트하우스로 운영하며 마을을 찾는 손님들을 맞고 있다.

빈집 안에 담긴 세월과 삶의 흔적을 남겨 오래되고 소중한 것을 후세에 전하고, 필요 없는 것을 만들지 않는다는 기준을 가지고 작업하고 있다. "어떤 장소든 사람들이 경제적 욕망으로 모여들면 일시적으로 번영할 수는 있습니다. 하지만 말 그대로 일시적인 번영일 뿐입니다. 땅의 목소리를 듣고, 집의 이야기를 듣고, 거기에 화답하려는 인간의 노력이 있다면 땅도 그에 상응하는 힘을 내려준다고 생각합니다. 그렇게 믿고 있어요."

이와미긴잔(石見銀山) 생활문화연구소 '회사라는 하나의 집'

산골회사 군겐도(법인명 이와미긴잔 생활문화연구소)는 직원 개개인이 가진 자신만의 이야기를 근거로 채용하는 회사이다. 젊은이들이 하고 싶어 하는 일을 할 수 있게 해주는 것, 일본의 생활문화를 젊은 세대에게 이어주고 싶은 마음에 젊은이들을 채용하고 있다. 그러기 위해 매출이 늘어나는 것을 계획하고 좀 더 제대로 된 브랜드를 만들어가고 있다. 인구과소화가 진행 중인 산

146

골 마을에 90명이 넘는 고용을 창출하고, 젊은 인구를 끌어들이고, 전통 가옥에서 생활하는 등 사람들이 동경할 만한 아름답고 진솔한 삶을 실현하고 있다.

본사인 워크스테이션을 만들 때도 '모두가 한자리에 모여 일할 수 있는 공간을 만든다'는 단 하나의 목적을 가지고 진지하지만 가벼운 마음으로 임했다. 해내야 한다는 부담감보다는 마음의 여유, 시간의 여유가 느껴진다. 씨앗이 떨어진 그 자리에서 바람에 흔들리며 유연하게 일어서는 풀들의 춤을 보는 것 같다. 특히 매사에 지나침이 없는 것, 참 배우고 싶은 여유로운 태도이다.

'물건 만들기'에서 '음식 만들기'로 확장하다

처음에 패션 소품 등 물건 만들기로 시작한 군겐도는 점차 사업 영역을 넓히며 음식 만들기에도 관심을 쏟았다. "생활을 즐겁게, 아름답게 만들고 싶은 나머지, 생활방식 자체를 디자인하고 싶었고 그러다 보니 먹는 것과 관련된 일을 하고 싶어졌다"고 한다. 공장에서 쏟아져 나오는 물건에 지쳐 있던 터에 음식은 먹고 나면 전부 없어진다는 이유도 있었다. 지금은 타향 '아베가(阿部家)'에서 손님들에게 음식을 내어주며 같이 이야기 나누는 일을 즐긴다.

시골이라는 이유로 향토 음식만 내는 건 아니다. 제철 재료나 147

(사진출처 : 군겐도 홈페이지 www.gungende.co.jp)

2부 회복력은 어디에서 오는가

어울리는 먹을거리가 있으면 뭐든 준비한다. 아베가 요리의 기본은 가정식 요리, 즉 '집밥'이다. 엄마의 손맛이 느껴지는 정성들인 음식으로 다른 사람을 대접하고 나눌 수 있음에 감사하며 잘 먹고 잘사는 일을 실행해나가고 있다.

잘 먹고 잘 사는 일을 꿈꾸며

여성복 브랜드로 시작한 군겐도는 이제 라이프스타일 전반을 아우르는 브랜드로 성장했다. 사람들은 이제 그녀가 만든 물건뿐만 아니라 그녀의 생활 속으로 기꺼이 들어가고 싶어 한다. 자연에 둘러싸인 조용한 시골 생활, 손으로 만든 옷, 정성이 깃든 음식을 그리워하는 시대가 되었는지도 모른다. 속도와 이익과 효율성이 전부가 아닌 세상에 대해서도 생각해보게 한다. 그녀는 자신의 삶을 살았고 느리지만 확실한 변화를 일궈나갔다.

이와미에서의 시간은 천천히 흐르는 것 같다. 그 생활을 지키기 위해 노력하는 사람들, 절대적인 좋고 나쁨이 없는 시간, 어느 정도의 가벼움, 어느 정도의 재미, 진지함, 그리고 사랑이 식지 않는 거리감, 있는 그대로의 자연스러운 아름다움, 그리고 자연의 존재에서 따온 이름. 이 모든 것이 담긴 물건을 만들겠다는 마음이 이와미에 있다. 일본의 작은 동네 이와미에는 이렇게 삶을 귀하게 여기며 살아가는 사람들이 있다.

149

마쓰바 도미처럼 사고방식이 견고한 사람이 되고 싶다. "나에게는 회사가 있고, 그것을 운영해나가야 한다는 책임이 있어요. 그래서 해나갈 수 있는 선시도 모르겠네요." 또한 적절히 균형감 있게 생활하는 사람이 되고 싶다. 무리하지 않으면서 조용히 하고 싶은 일을 하는 사람이 되고 싶다. "내게 이거다 하고 내세울 만한 대단한 것이라고는 하나도 없어요. 무언가 만들어내는 걸 좋아하고, 장사를 좋아하고, 여기에서 즐겁게 살고 있다는 것. 단지 그것뿐입니다." 매 순간 좀 더 선한 것을 선택하며 옛것과 새것의 조화를 꾀하며 오래되었으나 낡지 않은 세상을 만들어나가고 싶다.

아카이브의 인문학

"지역은 이제 그 자체로 가치 있는 콘텐츠이다.
마치 그동안 없었던 존재가 이제야 나타났다는 듯
공공이든 민간이든 관심이 뜨겁다. 민망할 정도다.
이런 분위기 속에서 평범한 우리네 이웃에 대한 관심도
함께 높아졌다. 반길 만한 변화임에도
마냥 유쾌하지만은 않다.
지역과 사람을 기록하는 일은 대상이 지닌
진정한 가치를 해석하고 의미를 부여하는 작업이다.
지역을 자본주의 시장에서 소비할
또 다른 '상품'으로 인식하는 건, 곤란하다. "

이용원, 「사람이, 사람을, 사람으로 대한다는 것」 중

아카이브의 인문학

이 동 준 이 천 문 화 원 사 무 국 장

내 심장을 멎게 하세요, 그러면 나의 뇌수가 고동칠 겁니다.

나의 뇌수를 불살라 버리세요, 그러면 당신을 내 핏속에 실어갈 겁
니다.

halt mir das Herz zu, und mein Hirn wird schlagen,

und wirfst du in mein Hirn den Brand, so werd ich dich auf meinem Blute

tragen.

— 라이너 마리아 릴케

지질층의 기록 : 태초에 기록이 있었다!

인간은 영원을 갈구한다. 그리고 인간은 사랑을 통해 그 영원
을 달성하려 한다. 독일의 시인 릴케(Rainer Maria Rilke)가 사랑하는

여성에게 바치는 이 시는 영원을 향한 시인의 미칠 듯한 감정을 드러내며 위와 같은 구절로 끝맺는다. 시인에게 심장은 사랑의 감정을 담고 있는 성스런 장소다. 그 심장이 멈추면 사랑은 끝날까? 아니다. 그 사랑이 시인의 뇌에 새겨졌기에 이번에는 그 사랑의 추억이 심장을 대신해 고동칠 것이다. 그런데 그 뇌수마저도 불태워진다면? 시인은 그 사랑을 핏속으로 실어가겠다고 결의한다. 핏속으로 실어간다니 대체 무슨 말일까? 그 사랑을 현재에서 미래로 기필코 이어가겠다는 뜻이다.

시인은 시를 통해 그의 영원한 사랑을 후세에 이어가고 있다. 그의 시가 오늘을 살아가는 나에게도 여전히 심장을 고동치게 하기 때문이다. 시는 시인이 영원을 이어가기 위해서 선택한 기록의 방식이다. 우리의 모든 삶과 활동, 사고의 기억은 뇌수에 있다. 그런데 인류라는 생물종의 진화는 한 개체의 삶이나 한 세대만의 기간이 아닌, 수많은 인류의 기나긴 적응 과정 속에 응축된 정보를 우리의 형질에 새겨 후손에게 유전시킨다. 일종의 진화를 위한 기록 방식이 디엔에이(DNA)인 것이다. 인간의 디엔에이에는 생명의 탄생과 인류 진화의 역사가 고스란히 새겨져 있기에 임신이 이루어지면 이 유전정보에 따라 배아가 형성되면서 진화의 과정을

릴케(R. M. Rilke 1875~1926)

재현한다.

　지질층은 지구의 과거가 어떠했는지를 우리에게 하나하나 보여주는 기록물과 같다. 지구가 처음 어떻게 형성되었으며, 어떻게 그 토대 위에서 생명이 발현했는지를 보여주는 지구 자신의 기억 체계이자 지구의 역사를 기록하는 방식인 것이다. 이 지질층의 가장 위층은 최근 '인류세(Anthropocene)'라고 명명된 지층이다. 이 지층에는 그동안 인류가 살아온 소비적이고 향락적인 삶의 방식이 고스란히 아로새겨져 있다. 플라스틱과 비닐, 스티로폼, 닭 뼈, 아스팔트, 콘크리트, 그리고 수천 미터 지하에 매립된 방사능 폐기물…. 인류는 여기까지의 활동을 지질층에 새기며 인류세 층으로 끝내 종말을 고하고 말 것인가?

　19세기 도스토옙스키(Fyodor Dostoevsky)의 소설 『죄와 벌』 끝부분에 보면, 주인공 라스콜리니코프는 전당포 노파를 살해한 후 결국 자수하여 시베리아 유형에 처해진다. 거기서 그는 한동안 기괴한 꿈에 시달린다. 인류가 아시아에서 발원한 미생물균에 감염되어 자멸의 길을 걷게 되는 꿈이다. 지능과 의지를 부여받은 이 세균에 감염되면 사람들은 자신의 신념을 확고부동한 것으로 믿게 되어 자신만이 간직한 진리를 지키기 위해 만인에 대한 만인의 싸움이 시

도스토예프스키(F. M. Dostoevsky
1821~1881)

155

작되고 서로를 죽이면서 그렇게 멸망해간다. 인류가 지구에서 멸절되고 마는 원인은 결국 소통과 합의가 불가능한 사회에 이르게 되었기 때문이다. 『죄와 벌』의 에필로그는 이렇게 인류가 이룩한 문명의 어두운 디스토피아를 예견하고 있었다.

라스콜리니코프의 기괴한 꿈은 2020년 코로나19로 현실이 되어 나타났다. 지금 전 세계가 코로나19의 급습으로 휘청대고 있기 때문이다. 기술과 자본의 힘을 과신해왔던 인류는 이제 팬데믹에 따른 현대 사회의 역기능, 사회적 합의의 어려움, 소외층의 양산 등과 같은 우리 사회의 실상을 목격하면서 현재 우리가 가담하고 있는 사회체제와 국가의 본질에 대해서 되묻고 성찰해야 할 때가 되었다. 근대의 합리적 이성은 자연을 정복의 대상으로 만들어 그로부터 획득한 부(wealth)를 어떻게 지키고 누릴 것인지를 두고 이를 보장할 국가를 상정했다. 부를 두고 벌어지는 만인에 대한 만인의 투쟁을 방지하려면 모든 권력을 위임받은 절대권력인 국가의 출현이 불가피하다고 본 것이다. 1649년 영국의 크롬웰(Oliver Cromwell)은 청교도혁명 후 공화정을 선포했을 때 국가를 스테이트(state)가 아닌, 커먼웰스(Commonwealth)로 표현했다.

이제 인류는 공통의 부(common wealth)가 아니라 그의 탐욕적 자연 파괴의 결과로 빚어진 공통의 빈곤(common poverty)을 어떻게 나누고 책임질 것인지를 두고 새로운 사회체제를 구상해야 할 시점에 놓였다. 코로나19 이후에 어떤 위기가 예상되고 있는가? 기후변화로 인한 지구적 재난의 확산이다. 지구 자원의 한계와,

156

제동이 걸리지 않는 인류의 탐욕을 뒤로 돌릴 수 있는 방법은 우리가 도시적 삶의 양식을 버리는 길뿐이다. 이 위기 앞에 인류는 과연 소통과 합의가 가능한 사회를 만들 수 있을까? 5년 안에 탄소 제로 사회를 이루기 위해 인류는 과연 살을 깎는 마이너스성장을 수용할 수 있을까? 5년 안에 상하이와 서울은 인구를 100만 명 이하로 줄일 수 있을까? 이 지점에서 더 이상 절대 권력을 휘두르는 국가는 필요 없다. 왜냐하면 이 실천은 국가 단위가 아니라 빈곤의 현실을 헤쳐 나가야 할 지역 단위에서 오직 실천될 수 있기 때문이다.

정체성의 의미 – 몸과 장소가 정체성의 뿌리다!

정체성이란 무엇인가? 나의 나 됨, 나를 타자와 구별 짓는 다름, 나에게만 고유한 특성 등을 말한다. 살아 있는 경험 세계에서 느껴지는 정체성은 무엇이고, 또 그런 정체성은 어떻게 확보되는 것일까? 결론적으로 말한다면 우리가 가진 몸이야말로 우리 정체성의 근간이다. 나는 나의 몸을 통해 세계를 경험하며 타자와 관계를 맺고 공동체를 형성한다. 하지만 나의 경험은 몸의 사멸과 함께 사라져버린다. 나의 세계, 나의 우주도 육체의 죽음과 함께 사라져버린다. 그렇다면 여기서 모든 것은 끝나버리고 마는가? 우리의 몸은 이런 절대적 시간의 폭력성에 대항하기 위해서 하나의 안전장치를 마련해왔다. 그것은 바로 '기억(memory)' 157

이다. 불가항력적 시간의 흐름(크로노스적 시간)을 극복하기 위하여 제우스는 기억의 저장소를 마련한 것이다.

기억은 인간의 경험을 담는 그릇이다. 기억을 통해 인간이 자신의 세계 경험을 내면화할 때, 경험은 비로소 체험(Erlebnis)이 된다. 마찬가지로 기록은 인간의 기억을 담는 그릇이다. 기록을 통해 인간은 자신의 세계 경험을 밖으로 표출하며 타인과 공유한다. 기록을 통해 인간은 사회적 존재가 되고 서로 다른 공간적, 시간적 지층과 만나면서 역사를 형성한다. 그렇다면 기록은 무엇인가? 처음에 기록은 동굴이나 바위에 그림으로 새겼고 비문이나 도판, 파피루스에 문자로 새겼다. 그러나 더 거슬러 올라가면 인류는 자신의 몸에 삶의 내용을 기록했다. 몸이 바로 그 사람의 삶의 내용을 새겨온 기록의 원천이다. 얼굴은 표정으로 그의 기분과 정서를 표출하며 그것이 쌓이면 주름으로 삶의 정황을 새겨놓는다.

하지만 낱낱이 그 사람의 삶의 내용을 알려면 어떻게 해야 할까? 고대 이집트에서는 심장의 무게로 그 사람이 살아온 윤리적 삶의 총체를 알 수 있다고 여겼다. 현대에 와서는 회백질의 뇌에 그 사람의 모든 삶의 기록들이 저장되어 있다고 믿는다. 그렇다면 이 모든 기억들의 총합이 과연 '나'일까? 내가 보고 듣고 느꼈던 모든 감정, 내가 의도하고 욕망했던 것들, 내가 생각하고 상상했던 내용, 내가 일하고 행했던 모든 행동과 태도, 나의 움직임의 모든 동선, 그리고 나의 입에서 발화된 모든 언어들 – 이 모든 내용을 디지털 기록으로 작은 메모리칩에 담는다면 그것

158

이 곧 나의 '내용'이요 '정체성'이 될 수 있을까?

인간의 삶은 기억이나 기록으로 온전히 담아낼 수 없다. 유한한 몸이지만 그 몸을 통해 들어온 우리의 세계 경험은 다 기억될 수도 없고 기록될 수도 없다. '만일 낱낱이 기록된다면 이 세상에 가득하도록'(요 21:25) 기록을 한다고 하더라도 어느 한 사람의 생애를 다 담아내지는 못할 것이다. 하지만 오늘날 기술의 발전은 새로운 형태의 기록 보존을 가능하게 만들었다. 뉴미디어는 새로운 지각의 형태이자 새로운 경험의 재현 방식을 가능하게 만들었다. 불가역적 시간의 흐름에 저항하는 미디어의 풍요로움은 더 이상 소멸할 것에 대한 두려움을 잊게 했다. 이제 원본은 필요 없다. 그 무엇이라도 원본보다 더 원본성을 지닌 형태로 재현해낼 수 있다고 믿는 시대가 되었기 때문이다.

몸은 인간의 물리적 한계성이자 정체성의 근간이기도 하다. 정신이 인간으로서의 정체성을 획득하려면 정신은 몸을 입고 특정 장소, 특정 지역에서 태어나야 한다. 이것이 성육신, 육화(in-carnatio)의 의미인 것이다. 우리의 몸이 경험하는 세계는 좌표로 눈금화된 수학적 공간, 물리학적 진공 상태의 공간이 아니라 하나의 '장소(place)'로 경험되는 공간이다. 공간(space)은 우리의 경험을 통해 의미화되고 가치가 부여되면서 비로소 '장소'가 된다. 나의 몸을 중심으로 나의 욕구를 충족하기 위해 움직이는 활동을 통해 공간은 살과 피가 있는 '장소'로 육화되는 것이다. 인간의 자기 정체성은 몸의 이동을 통해, 발로 이동해가는 장소성의 변화를 통해 경험되는 삶의 내용과 타자와의 관계 속에서 형성된다. 그 정체성은 그 무엇으로도 대체할 수 없고 재현할 수 없는, 일회적이고 불가역적인 것이다.

근대성에서 지역성으로 나아가기
: 내가 사는 지역의 근대성에 대한 물음

서구 근대사회가 시작된 17세기에 이성에 대한 자각은 그동안 개인을 억눌러왔던 종교적 권위를 끊어내고 오직 개인으로서의 '나'를 획득하고자 했다. 근대의 문을 연 르네상스인들은 가문을 나타내는 성(姓)이 아니라 오직 나를 지칭하는 고유의 이름으로 불리길 원했다. 하지만 그 공간에는 아직 자기 욕구의 주체, 사적 이익을 추구하는 개인만 있을 뿐, 서로의 이해관계를 조절하거나 소통할 가능성은 전혀 없다. 왜 이런 단절 상태에 놓이게 되었을까? 철저하게 개인과 개인, 욕구와 욕구가 서로 충돌하는 공간에 던져졌기 때문이다. 거기에는 만인에 대한 만인의 투쟁이 있을 뿐이다. 더 이상 나눌 수 없는 개별화된 개체(individuum), 상호작용이 불가능한, 창 없는 모나드(monad without window), 고립된 원자적 자아(a-tomos), 이 모두가 서구의 근대성 개념이 기반하고 있는 비극적 공간의 한계이기도 하다.

사고의 주체로서의 '나'만으로는 나의 정체성이 손에 잡히지 않는다. 생각하는 나의 존재가 아무리 확실하다고 하더라도 그 '나'는 결국에는 의식 속에 고립되어 있는 존재일 뿐이다. 나는

160

어떻게 해야 나의 의식의 작용이 창조해낸 이 세계의 외로운 섬에서 벗어나 또 다른 '나'에게로 가 닿을 수 있을까? 나와 동일한 의식을 가진 수많은 주체들과 서로 소통할 수 있는 '생활세계(Lebenswelt)'는 어떻게 형성되는 것일까? 만일 우리에게 타인에게 다가설 수 있는 창문이 없다면 우리는 그저 각자의 영상실에서 자신의 영화필름을 돌리고 되감으면서 자기의 세계만을 폐쇄적으로 감상하는 존재로 전락하고 만다.

나의 정체성은 어떻게 형성되는 것일까? 추위에 떨고 누군가의 말에 울고 웃으며 또 상처받는, 그렇게 구체적인 '나'는 분명 현재형의 공간, 의미와 가치가 부여된 공간 위에 비로소 존재한다. 그렇지 않은 나는 그저 나일 뿐, 텅 비고 공허한 나에 불과하다. 나의 몸을 통해 감각을 느끼면서 자각할 수 있는 나. 구체적인 삶의 장소에 스스로를 세우고 삶의 내용을 채워가고 있는 나. 지금 여기, 같은 시기, 같은 동네와 마을, 같은 지역에서 살고 있는 나. 그런 내가 모여서 함께 공동체적 자아를 이루는 것이다. 이런 공동체적 자아를 기반으로 해야만 자본주의와 국가주의를 넘어서서 비로소 다중이 주체적으로 자치를 이룰 수 있는 공통체(Commonpoverty)[1]가 실현될 수 있지 않을까?

우리는 우리가 살고 있는 지역에서 진정한 우리 자신을 발견한다. 어째서 그런가? 과거에도 우리는 마을에서 살아왔고 지역에서 살아오지 않았던가? 하지만 그것은 지리적 환경에 의해 형성된 마을이든지, 통치 권력에 의해 구획된 지역에 불과했다. 중앙권력에 의한 수탈과 문화적 독점화로부터 벗어나 이제는 주

161

국가를 대체하는, 다중의 집단적 자치를 주창한 네그리(Antonio Negri)와 하트(Michael Hardt)

민들이 새로운 주체로, 중심으로 나서고자 하는 의식이 없이 그
저 그들이 그어놓은 경계를 따라 그 안에 안주하며 순응해왔던
객체에 불과했다. 주민이 주체가 된 지역의 발견, 바로 '마을'의
발견이다. 거기서 출발해야 바로 진정한 근대성이 가능하지 않

---

1 안토니오 네그리와 마이클 하트가 2009년 저술한 『공통체』(사월의책)의 원제목인 '커먼웰스
(Commonwealth)'는 근대사회에서 공통적인 것(the common)으로서의 부(wealth)를 지
키려는 의도에서 상정된 국가를 지칭하는 말로, 원래 홉스(Thomas Hobbes)의 저작 『리바이
어던Leviathan』에서 쓰였던 개념이다. '커먼파버티(Commonpoverty)'는 이 말의 반대 개
념으로 (지구의 자원이 고갈되어) 빈곤(poverty)을 공통적으로 떠안아야 하는 현재 인류가 놓
인 상황에서 이를 극복할 새로운 대안으로서의 지역공동체(local community)를 가리키는 말
로, 이 글을 쓰는 과정에서 처음 고안한 용어임을 밝힌다.

3부 아카이브의 인문학

을까?

되돌아보면 우리에게는 우리가 지나온 역사적 과정에서 근대성의 의미를 되물어볼 필요가 있었다. 서구 제국이 거쳐온 근대의 과정이 왜 동일한 방식으로 우리나라에 적용되어야 하는지 의심해보아야 했다. 생각 없이 그들을 따라 하기만 하면 우리에게도 근대적 시민이 탄생할 수 있는지 고민해보아야 했다. 조선후기 왕조 권력과 귀족층의 수탈에 이어 식민적 근대화의 과정에서 약탈적 대상화를 겪어온 한국에 과연 '지역'은 존재했는가? 시민 세력이 배제된 근대성에 대한 근본적인 반성이 필요하지 않았을까? 안타깝게도 가혹하게 표현하자면 우리나라에서 지역은 해방 이후 현재에 이르기까지 식민성에 침식되어왔다.

지역의 새로운 발견, 지역 시민층의 형성이 없다면, 우리에게 지역의 역사는 없다. '지역'을 발견하려고 하는데 우리는 여전히 '지방'을 말하고 있다. 마을을 세우려고 하는데 우리는 여전히 두레와 향약, 또는 새마을운동을 말하고 있다. 근본적인 문제의식 없이 깨우치지 못하고 과거로 회귀하려 한다. 도시 공간 구조 속에 구획된 개인으로 살면서(apartment) 여전히 우리는 공동체를 말하고 있다. 도시 공간은 모르는 사이에 개인을 분리하고 소통과 관계 형성을 불가능하게 만드는 구조 속에 우리를 편입시켰다. 지역을 오직 공간으로만 분할해놓은 도시 구조에서 우리가 새롭게 의미와 가치를 부여할 수 있는 그런 장소는 어디에 있는가? 지역에서 새로운 지역문화를 향한 지역 주민의 참여와 공동체적 연대는 과연 가능한가?

163

이제 '지역성'의 이야기를 논의해보기로 하자. 지역성의 개념은 서구 지성사에서 추상적 이념의 세계를 추구하는 형이상학을 뒤집고 현실의 세계를 되찾고자 하는 과정에서 발견된 개념이다. 중세 시대에 우리가 사는 땅은 불완전한 세계이며 온갖 위험과 고농도 방사능이 퍼져 있는 구역이었다. 신화가 말하는 금지 구역, 금단의 땅이란 무엇인가? 고결한 이데아의 세계가 아닌, 더럽혀진 추방의 땅에 신이 스스로 추방의 몸을 입고 온 이유는 무엇일까? 지역성의 발견은 근대정신의 시작점이요, 피와 살이 느껴지는 생활 현장의 발견이다. 중세 말 '지역 교회'는 라틴어로 집전되는 종교 특권층의 '보편 교회'를 대체했다. 지역 밀로 예배가 집전되고 지역의 문화와 정서 속에서 그들의 삶의 문제와 애환을 함께 나누는 교회가 탄생한 것이다.

그동안 우리나라에 참다운 지역문화는 없었다. 지역문화의 핵심은 지역의 관점에서 문화를 주체적으로 바라보고 지역 주민들이 자발적으로 참여하며 행하는 활동이라는 점이다. 지난날 우리의 시골은 그저 중앙정부와 서울 같은 대도시의 문화만을 바라보면서 그들의 수준을 따라가기에 급급했다. 그래서 원래 그 지역의 문화는 시대에 뒤떨어지거나 수준이 낮은 변두리 문화로 천대받아왔다. 이제는 누구를 따라가는 게 아니라 자기다움을 발견하는 일, 그 지역만의 고유한 문화를 찾는 일이 중요해진 것이다. 촌뜨기 프랑스 말이 유럽의 외교 언어가 되었듯이,

제주말과 안동말이 서울말을 물리치고 더 주목받고 대접받기 시작했다. 시골말이 그 지역의 문화를 물씬 담고 있는 소중한 자원으로 인식되는 새로운 시대가 열린 것이다.

지역을 발견하는 일은 우리 자신의 정체성을 찾아가는 과정이요, 더 나은 지역의 미래 모습을 함께 꿈꾸는 일이다. 그동안 지역의 역사에 주민의 삶과 애환은 없었다. 실록, 읍지 등과 같은 관찬(官撰) 기록물에 주로 의존해왔던 향토사에서 우리는 평범한 사람들의 이야기를 발견하기 힘들다. 그래서 우리가 살았던 곳은 지방이었고 변방이었고 향토였다. 미국의 역사가이자 아키비스트(archivist)인 하워드 진(Howard Zinn)은 서구 중심의 역사와 권력에 대항해 아키비스트에게 정반대의 시각에서 세계를 바라볼 것을 요구하고 있다. 이제는 중앙 권력과 관료적 시각에 치우친 역사와 문중사(門中史)를 걷어치우고 보통 사람들의 삶을 기록하는 일에 뛰어들어야 한다. 차별과 소외로 언제나 뒷전으로 밀려난 사람들의 소소한 일상, 땀 냄새 나는 삶의 이야기를 기록해야 할 시점에 와 있다.

그렇다면 대체 지역문화란 무엇일까? 구체적으로 말해보자. '화성'의 문화란 무엇일까? 그것은 화성을 내용으로 하는 문화다. 1949년 군으로, 다시 2001년 시로 승격한 화성시가

하워드 진(Howard Zinn 1922~2010)

165

화성인가? 화성에서 살아가는 주민들이 화성이고, 주민들의 삶의 현장이 화성이며, 그들이 빚어내는 삶의 내용이 화성의 문화인 것이다. 또한 그것은 화성의 역사에 뿌리를 두고 있는 문화다. 주민들이 역사적으로 겪어온 삶의 경험이 화성이고, 지금의 화성을 살아가는 나의 경험이 화성이며, 그 속에서 동질성을 느끼고 이를 공동체로 수용하는 과정이 바로 화성의 문화인 것이다.[2] 이런 문제의식에서 지역을 성찰하고 출발하고자 하는 것이 바로 '지역 아카이브 운동'이다.

지역 아카이브의 나아가야 할 방향

우리는 이제껏 우리의 시선으로 지역을 바라보지 못했다. 그동안 지역은 역사적으로 늘 대상화되어왔기에 우리가 직시해야 할 사실은 지역의 주민이 그것을 당연한 것으로 여기고 살아왔다는 점이다. 그들의 기록에 의존하여 지역의 모습을 복원하려 했고, 이를 재현하는 것이 최선인 줄 알았다. 남겨진 기록들이 객관적이고 가치중립적인 입장에서 기록된 것이라 믿었기에 그것을 우리 자신의 모습으로 받아들였다. 그런데 기록은 사회

---

3   이런 시각에서라면 화성시가 '수원 화성'을 수원시로부터 뺏어올 필요가 없고 '융건릉'이라는 역사 자원에만 집착할 필요가 없다. 이는 마치 '여주 영릉'이 가지고 있는 세종대왕의 애민군주 이미지에 압도되어 여주시에 있는 다른 더 좋은 문화적 자산을 발견하지 못하고 있는 현실과도 닮아 있다.

166

질서를 주도하는 권력들이 그들의 권력을 정당화하고 더 공고히 하기 위해서 그들에게 필요하다고 생각한 것만을 기록하고 그들이 보여주고 싶은 것만을 보여주는 수단에 불과하다는 사실을 지역에서도 서서히 인식하기 시작했다.

오늘날 많은 지자체에서 만들고 있는 시군지는 관찬 읍지의 연장선에 있다. 물론 부가적으로 주민의 삶과 마을 이야기 같은 새로운 내용이 추가되고는 있지만, 기본적으로 지역의 통시적 기록 사업으로 이어져온 성격을 벗어나기는 힘들다. 게다가 행정과 외부 전문가 중심의 집필 방식으로 시민에게 널리 읽히기도 어렵다. 이제는 방대한 시군지 편찬 사업보다는 시민 중심의 집필과 시민의 참여를 보다 확대할 수 있는 방식으로 방향을 전환할 필요가 있다. 그래서 이제까지의 시군지가 담아낼 수 없었던, 지역 주민의 경험과 기억을 재현하는 작업을 통해 보다 다양한 역사 해석을 보여줄 필요가 있다.

과거 중앙에서 파견된 관리들이 관료적 시각으로 지역을 바라보면서 관찬 읍지류 같은 기록물을 남겼던 것처럼, 오늘날 민속학자나 역사학자, 구술 전문가, 아키비스트들도 역시 그들의 시각으로 지역을 바라보고 그들의 취향대로 선택하고 기록한다. 이제 지역을 중앙의 관할지가 아니라 지역민의 삶의 공간으로 되돌려주고 지역 주민을 대상화시키기보다는 주체의 자리에 서도록 해야 한다. 지역을 바라보는 관점을 권력자나 전문가의 관점이 아니라 지역 주민의 관점으로 바꾸어 새롭게 지역을 재발견해야 한다. 이렇게 지역 주민의 관점에서 지역을 주체적으로

167

바라보고 자발적으로 참여하여 일상적으로 만들어가는 문화적 활동이 바로 '지역의 문화'가 되는 것이다.

'아카이브(archive)'가 일반적으로 기록물, 기록 관리, 기록물 보관 장소를 아울러 일컫는 용어인데 비해, '아카이빙(archiving)'은 행위의 주체로서 아키비스트가 수행하는, 기록 관리에 대한 총체적인 활동 과정을 뜻한다. 아키비스트는 현장을 바라보며 그 현장성을 살려내는 방식의 기록을 고민하는 사람이다. 그는 자료를 바라보는 관점, 그 자료에 다가가는 접근 방식, 그리고 그 자료를 어떻게 분류하고 정보로 조직하고 지식으로 재구성할지 고민하는 사람이다. 이제 아카이브는 단순히 자료를 바라보는 관점에서 삶을 바라보는 관점으로 인식의 범위가 확장된다. 오늘날 아카이브 개념에 대한 패러다임 전환은 아카이브가 그 지역을 살아가는 사람들의 모습과 다양한 삶을 보여주는, 우리들 자신의 삶에 대한 관점임을 말해주고 있다.

2017년 추진된 '목록화' 작업이 문화원이 소장하고 있는 자료에 대한 것이었다면, 이제 그 목록화 작업의 범위를 지방문화원의 한계를 넘어 지역과 지역문화 전반으로 확장하여 추진하는 단계로 나아가야 한다. 먼저 지역의 문중이나 기관 등이 보유하고 있는 문집류, 유물 등의 향토 자료를 조사하고 목록화하는 것이 필요하다. 그리고 국사편찬위원회, 근현대 신문 아카이브 등 아카이브 관련 전문 기관을 통해서 지역에 관한 모든 정보와 자료를 확보하여 목록화 작업을 추진해야 한다. 이런 목록화 작업들은 시군지 편찬 사업에서 조사·수집된 기초 자료들을 체계적

168

으로 정리하고 이관하는 과정에도 포함되어야 한다. 그렇지 않으면 어렵게 수집된 기초 자료들이 훼손되거나 폐기되는 일이 벌어지기 때문이다.

그동안 지방문화원이나 향토사연구회가 관심을 갖지 못했던 개인의 구술생애사, 주민 생활사, 구술 아카이브 같은 새로운 형태의 지역문화 자원을 수집, 기록하는 작업도 시급한 과제다. 새로운 형태의 자료란 그 지역 사람들이 살아가는 삶의 모습을 반영할 수 있는 다양한 형태의 기록들이다. 특히 그 지역에서 기존의 문화재 개념으로 분류되지 않는 형태의 유물이나 기록물, 그리고 비지정 무형문화유산 등에 대한 조사, 정리 작업이 중요하다. 마을지는 지방문화원이 앞으로 해야 할 가장 중요한 과제가 될 것이다. 그동안 마을에 관한 관찬 기록들은 어디까지나 외부자, 통치 권력의 시선에서 마을을 바라보는 관점에 머물렀다. 이제부터는 외부 권력이나 외부 전문가가 주축이 되는 것이 아니라 주민이 주체적으로 참여해서 기록하는 마을 기록 사업으로 가야 한다. 마을 안에 마을 기록 학교를 설치하고 마을 주민과 마을 기록자가 함께 모여 전체 계획과 교육, 조사 일정을 진행해야 한다. 마을은 이제 지배 권력의 수탈의 공간도, 민속학자의 연구 조사의 공간도 아닌, 주민 자신의 일상 공간으로 원래의 모습을 되찾아가야 한다. 마을 아카이브는 문화원의 새로운 희망이다.

공동체 아카이브의 거버넌스와 기록 주권

이경래 한신대 기록관리대학원 교수

요즘 우리 사회 곳곳에서 공동체 아카이브에 대한 관심이 뜨겁다. 기록학 전공자인 필자에게는 반가운 일이 아닐 수 없다. 도서관, 박물관 등 주요 문화기관을 비롯해서 지자체 수준에서도 다양한 지역 아카이빙을 추진하고 있다. '아카이브(archive)'라 하면 전통적으로 정부에서 생산하는 공문서 또는 공문서를 보관하는 장소로 이해되어왔는데, 최근에는 이러한 오랜 관행에서 벗어나 민간 영역에서 다양한 정체성과 관심을 표방하는 공동체 아카이브가 구축되어 그 개념적 정의를 확장하고 있다.

과정으로서의 아카이브

1990년대 이후 시민사회의 성장과 더불어 주민자치 시대의 도래는 도시정책 전반의 패러다임을 변화시켰다. 더 이상 재개발이나 토건 사업적 흐름이 아니라 상호 호혜적 관계망의 복원과 '돌봄'을 그 중심에 두는 도시재생의 움직임이 그것이다. 이전 기류에 비해 상대적으로 도시 이야기를 담는 '소프트웨어'적인 도시재생사업은 우리 사회에서 그 주요 작동 기제로 마을의 정체성을 대변하는 마을 아카이브의 구축을 지원했고, 그렇게 전국적 차원에서 구축되기 시작한 마을 아카이브는 풀뿌리 주거 운동을 대변해나갔다. 물론 마을 아카이브의 발전이 시행착오 없이 진행된 것은 아니다. 도시정책 패러다임이 그러하듯, 마을 아카이브 역시 초기에는 중앙정부와 지자체가 주도적으로 진행하였고 기관의 '보여주기식' 콜렉션 구축에 크게 집중되었다. 허나 '주민 없는' 마을 아카이브 사업의 부작용은 명백했다. 결국, 가시적 성과에 집착하기보다는 주민들 주도의 호혜적 관계망을 형성하는 '과정으로서 아카이브(Archives as a process)'에 주안점을 두는 쪽으로 방향을 선회하기 시작했다.

마을 아카이브의 양적 증가뿐만 아니라 질적 측면에서의 전환은 국가적 차원에서 정책적 변화를 이끌어냈다. 지금껏 정부 기록을 그 수집 대상으로 한정하던 국가기록원은 최근에 공동체 아카이브를 국가 기록 관리의 거버넌스(governance) 체제 안으로 끌어와 포용하는 것을 목표로, 구체적인 민관 협의체 구성을

171

국가기록원의 비전에 포함했다(국가기록원, 「국가기록관리 중장기 발전 계획(안) 2020~2024」). 이제는 더 이상 공동체 아카이브가 국가 기록 관리에서 소외된 대상이 아니라 적극적으로 고려되어야 할 영역으로 자리 잡았고, 그 첫 조치로 민관 협의체의 구성이 제안된 것이다.

국가 기록의 공적 관리 체계 속에 민간 공동체 아카이브를 적극적으로 포용하는 사례는 이미 외국에서는 쉽게 찾을 수 있다. 이를테면 영국 정부의 경우 2000년대에 접어들면서 공동체 아카이브가 공공 기록만큼 한 사회에서 중요하다는 인식 아래, 이의 포용 전략을 적극적으로 구사했다. 대표적으로 영국 국가기록원은 2003년 소외된 공동체 아카이브들과 협력 관계를 맺기 위해 이른바 '팔짱 끼기(Linking Arms)' 프로그램을 시작했다. 호주의 경우에도 최근 국가적으로 가치 있는 기록물의 수집과 관련해서 '공동체와 사회의 기대'를 반영할 것을 강조하면서, 국가 차원에서 공동체 아카이브의 수집과 관리를 천명했다. 이들 모두는 공적 기록만큼이나 공동체 기록의 중요성이 제대로 평가받고 있는 사례들이라 볼 수 있다.

2000년대 이후 전 세계적인 추세로 볼 수 있는 공동체 아카이브의 민관 협치, 즉 '거버넌스'는 상대적으로 불안전하고 주류로부터 소외된 공동체 아카이브의 지속가능성을 담보할 수 있다는 측면에서 긍정적으로 볼 수 있다. 특히 중앙정부뿐만이 아니라 지자체, 지역 문화기관과 공동체 간 상호 중층의 민관 협치 구조는 이들 기록들의 보다 안정적인 구축을 지원할 수 있다

172

는 점에서 적극 고민될 필요가 있다. 민관 각 주체들의 바람직한 역할 정립은 효과적인 거버넌스 구축에 있어 가장 중요한 부분이다.

중앙 정부 – 지자제 – 지역 문화기관이 할 일

먼저 중앙정부 차원에서는, 국가기록원을 그 행위 주체로 보고 지역 마을 단위 수준에서, 좀 더 넓게는 지방정부 차원에서의 마을 아카이브 운동을 중앙 차원에서 고무하고 지원할 제도적 방안을 정비해야 할 것이다. 무엇보다도 마을 아카이브를 국가기록 관리 영역으로 끌어들여 공공 영역에서 서비스할 수 있는 중앙 지원 체계를 마련해야 한다. 일회적이고 단발성 프로젝트 성격을 띠는 공동체 아카이브에 대한 기획 및 접근을 벗어나 적어도 기관의 중장기 프로그램 차원에서 공동체 아카이브를 지원할 수 있는 체계적 지원 체계를 구축해야 한다. 이들 지원 체계는 적어도 공동체 아카이브와의 공적 파트너십 구축이라는 중장기적 비전 아래 단계별 목표를 설정하고 세부 전략을 추진해 나가는 일과 연계된다. 더불어, 국가기록원은 지금까지 민간 기록에 대한 접근 방식, 즉 물리적 수집과 보관, 그리고 주로 통제에 치중한 접근 방식을 벗어나 '탈보관주의'에 입각하여 분산 보존과 지원, 그리고 지속적인 파트너십 구축을 통한 통합 서비스 체계 정비에 중점을 두는 접근을 도모해야 한다. 173

다음으로 지자체 수준에서 보자면, 지역 내 공동체 아카이브 운동들을 상호 네트워킹해 기술적·재정적 지원을 통해 안정적으로 관리, 서비스할 필요가 있다. 즉 지방정부의 차원에서 지역 내 다양한 공동체 아카이브를 네트워킹하고 기술적 지원을 제공함으로서 소규모 공동체 아카이브의 지속성을 일정 부분 체계적·제도적으로 뒷받침해야 한다. 지역공동체들 상호 간 접속을 제공하며 집단적 목소리를 내도록 독려하고, 공동체들의 네트워크 문제를 해결하기 위한 기술적 지원을 제공함으로써 공동체 아카이브에 대한 지속성을 담보해나가는 방식이다.

지역 문화기관 수준에서 보면, 마을공동체 안팎의 다양한 공동체들과 파트너십을 구축하는 것이 중요하다. 예를 들면, 공공기록관, 박물관, 도서관, 그리고 역사협회와 같은 지역 내의 주요 문화기관과 지역공동동체의 아카이브들이 연결된다면 지역공동체 아카이브의 안정성에 크게 기여할 수 있다. 이른바 구체적인 전략과 실무 집단인 주요 문화기관들은 지역공동체 아카이브에 적절한 공간과 컨설팅을 제공한다면 지역공동체 아카이브의 지속성을 확보할 수 있다. 또한 지역 문화기관 입장에서도 지역의 다양한 공동체 기록에 대한 접근 장벽을 낮출 수 있어 아카이브 수집 및 서비스 범위를 수월하게 확장할 수 있다.

마지막으로, 공동체 아카이브 수준에서 보자면, 그들 스스로 다양한 비주류의 소규모 공동체 아카이브들과의 상호 네트워킹을 통해 아카이브의 지속성을 확보해나가야 한다. 지역의 마을도서관, 마을신문, 그 외 독립 공동체 아카이브들, 예를 들면 최근 한국에서 부상하는 공동체 예술 아카이브, 소수자 커뮤니티 아카이브 등과 인적·시스템적 네트워크를 통한 파트너십을 구축하는 일은 중요하다. 공동체 아카이브는 사회적 타자와 약자의 논리를 담지하고 있기에 상호 연대와 결속을 통해 그 기록 효과를 배가하는 특징을 가지고 있다. 이는 공동체 아카이브가 고립되지 않고 상호 연대를 통해 지속성을 유지해야 하는 이유이다.

기록 민주주의를 위한 민주적 협약

이제까지 살펴본 공동체 아카이브 거버넌스 체계의 중층적 구조는 이중적인데, 한편으로 공동체 입장에서 보면 지속가능성을 확보할 수 있도록 중앙정부나 지자체가 재정 및 인적자원을 지원해준다는 측면에서는 긍정적이지만, 그들 자신 공동체의 '기록 주권'과 관련해서 보자면 그 자체가 상당히 억압 조건이 되기도 한다. 왜냐하면 관의 제도와 지원에 의한 간섭은 종종 공동체 단위와 갈등 상황을 유발하고, 더 나아가 공동체의 자율성, 즉 기록 주권을 침해할 소지가 있기 때문이다. 통상 주요 문화기관들은 사업의 주체로서 공동체 아카이브에 대한 소유권과 통제권을 배타적으로 가질 것을 주장하면서, 결과적으로 공동체들이 그들의 컬렉션에 대한 자율적인 통제권을 박탈당하거나 소외되는 처지에 놓이게 된다. 물론 문화기관들의 입장에선 공공기금을 사용하여 공동체 컬렉션을 구축·관리했기에 공동체가 기록물을 일방적으로 회수하려는 위험을 막아야 하는 것도 사실이다. 하지만 공동체의 기록 주권을 박탈한 채 공적 기관의 독점적 소유권을 일방적으로 주장하는 것은 장기적으로 공동체 기록의 생성을 막는 악재가 될 수도 있다. 따라서 시행착오를 겪어가며 민관 파트너십을 통해 민주적으로 뿌리를 내리기 시작한 공동체 아카이브를 이전의 관행에 따라 공공기관이 소유권을 독점하거나 기록에 대한 모든 권한을 일방적으로 행사하기보단, 양자의 입장을 절충한 민주적 협약이 필요해 보인다.

예서 '민주적 협약'이란, 주요 문화기관이 보관 공간을 제공하고 기록을 안전하게 관리하고 공동체 생산 기록 컬렉션의 소유권과 통제권을 넘겨받는 관례적인 보관 협약을 포기하고 공동체 컬렉션에 대한 공동체의 기록 주권을 인정하는 동시에 그들 자신의 접근권을 보장하는 협약을 말한다. 예를 들면, 공동체 아카이브의 컬렉션에 대한 소유권과 통제권을 공동체가 지니고, 이와 동시에 최소 10여 년 정도 컬렉션이 공적 영역에서 충분히 활용되고 서비스될 수 있도록 공동체와 공공기관이 함께 협약을 맺는 것도 그 방법이다. 또 다른 방식으로는 양자가 함께 소유권을 보유하는 '공동소유권(Co-ownership)' 제도를 고려해볼 수도 있다. 공동소유권 제도는 공동체 아카이브에 대한 처분 등 중요 의사 결정 과정에서 어느 일방에 의한 독단적 의사 결정을 막아주는 기제로, 공동체가 적어도 의사 결정 과정에서 소외되는 것을 막을 수 있는 민주적인 제도 기제로 볼 수 있다.

기록 주권에 대한 논의는 이미 2000년대 초반에 호주 원주민 (aboriginal)의 공동체 아카이브가 본격화되면서 시작되었다. 가령, 2004년에 시작된 호주 빅토리아주(Victoria州)의 주립 아카이브와 원주민 부족 쿠리(Koorie)의 공동체, 그리고 모나시 대학(Monash University)의 학제 간 프로젝트인 '신뢰와 기술 프로젝트(Trust and Technology project)'는 기존의 백인 중심이 아닌 쿠리 원주민공동체의 요구에 기반한 원주민공동체 아카이브의 구축을 표방했다. 이 프로젝트는 원주민공동체 아카이브에 대한 분류 및 기술 영역에 대한 논의를 넘어 원주민들 스스로가 생산한 기록의 소유권 체계에 대한 새로운 접근을 낳았다. 원주민 아카이브에서 원주민들이 권리를 실현하는 데 있어 가장 큰 장애는 기록의 주체인 원주민들이 기록에 대한 소유권을 인정받지 못하는 백인 관료 중심 소유권 체제로부터의 소외에 있다고 지적하였다. 더불어 관료 조직이나 저작자가 단독으로 가지는 기록의 소유권이 원주민들을 기록에 대한 접근권이나 평가에 있어서도 소외시킨다고 봤다. 결국 이로부터, 원주민의 기록 소유권 회복 즉 백인 관료나 저작자뿐만 아니라 원주민을 원주민 관련 기록의 소유권자로 인정하는 기록의 '공동소유권' 체계가 그 대안으로 제시됐다.

호주 원주민공동체 아카이브에서 원주민의 기록 주권이 동등하게 인정된 것처럼, 이제 우리도 국내 공동체 아카이브의 위상과 이에 대한 평가에서 좀 더 진취적인 기록 주권의 개념이 제

177

기될 필요가 있다. 물론 궁극의 '기록 민주주의'와 지역공동체의 기록 주권을 보장하기 위해선 정부와 지자체, 관련 기관들의 상호 호혜적 관계 구축이 전제되어야 가능하다.

단편적인 일상, 주름진 이야기들

―개인 아카이브의 인문적 가치에 대하여

소 종 민 문 학 평 론 가

저 치욕과의 대면이 이제 일상이 되리

그것이 우리의 즐거움도 되리

역사도 정치도 세계도 저항도 허공도 그 무엇도

일상 아닌 것 없는, 거대한 일상이

―「치욕」 부분[1]

보물창고

국가 아카이브나 마을공동체 아카이브가 집단적 이해관계와
보편성을 담는다면, 개인 아카이브는 사적 이해와 개별성을 지

---

[1] 백무산, 「거대한 일상」, 창비, 2008, 157~158쪽.

179

단편적인 일상, 주름진 이야기들

닌다. 물론 그 구분이 고정적이지는 않다. 집단 아카이브에서도 사적 이해관계가 자주 확인되며, 역으로 개인 아카이브에서 공공성이 발현되는 사례가 자주 보인다. 아카이브는 구성할 당시의 시간적·공간적 한계가 필연적으로 내포되어 있으므로 아카이브에 담긴 기록물만으로 국가, 마을, 개인의 성격을 일반화할 수 없다. 단기 프로젝트로 구축된 아카이브의 한계는 더욱 명백하다. 시간의 흐름에 따라 지속적이며 반복적으로 축적될 때에만 그 한계를 보완할 수 있다. 아카이브가 일회적 이벤트나 단기 프로젝트로 끝나서는 안 되는 이유이다.

'아카이브'는 기록물을 보관한다. 보관 기록물은 문서, 책, 음향, 음성, 그림, 사진, 도면, 영상 등 매우 다양하다. 그런데 매체는 달라도 예외 없이 모두 '이야기'가 내장되어 있다. 사연 없는 무덤은 없다. 아카이브는 수많은 이야기들이 마치 퇴적물처럼 겹겹이 쌓여 있는 보물창고다. 그 창고에서 아카이빙하는 과정도 확인할 수 있는데, 특히 구술 취재 즉 인터뷰와 같이 대화로 구성된 이야기에서 잘 드러난다. 언제, 어디에서, 누구누구가 어떤 방식으로 이야기를 나누었는지가 드러나고, 질문을 어떤 형식으로 던지고, 어떻게 대답하는지도 드러난다. 대화로 구성된 구술 기록이 충실하게 되어 있다면, 구술할 당시의 분위기도 알 수 있다. 만약 기록물로 파악이 어렵다면, 녹취 파일이나 영상 파일로 당시 분위기를 파악할 수 있고, 나아가 두 대화자에게 일어나는 정서적 감응(affect)이나 상대방에 대한 태도도 읽을 수 있다.

구불구불 가기

수많은 크고 작은 이야기가 겹겹이 축장(蓄藏)되어 있는 아카이브는 특별한 매력을 지닌다. 개인의 아주 사사로운 일상에도 수많은 이야기가 숨어 있는 것처럼 말이다. 실례로 일상사를 개척한 알프 뤼트케(Alf Lüdtke)는 매일매일을 살아내는 사람들의 움직임에서 다층적이고 다양한 형태의 언행에 주목했다. 그가 보기에 무엇보다 일상은 매우 복합적인 시점과 태도가 무수히 교차하는 상징으로 여겨졌다. 행위자 개인이 무심하게 특별한 의도 없이 반복적으로 습관처럼 타인에게 행하는 몸짓이나 농담에서도 뤼트케는 특정 시대의 단면을 간파해냈다.

특히 그는 독일 노동자의 일상 기록을 분석하면서 노동자들의 뺀질거림, 애매한 행동, 두루뭉술 넘어가기, 명확한 입장이 없는 행동에서 노동자 특유의 '아집(Eigensinn)'을 발견했다. '순수하게 자기 자신을 위해' 살아남기 위하여 벌이는 저항과 타협, 비(非)직선적인 실천이 모두 여기에서 기인한다는 점을 파악한 뤼트케는 부정적 뉘앙스로 가득했던 '아집'이라는 단어를 열린 개념으로 재설정하였다.

뤼트케의 탐색처럼 우리의 일상은 절대 일직선으로 운행되지 않는다. 매일매일 모순적이고 다층적인 행위로 가득 차 있으며, 구불구불 지나간다. 뤼트케를 초청하여 수년간 연구 프로젝트를 함께 진행한 역사학자 임지현의 표현에 따르면, "뤼트케의 일상사는 (…) 보통 사람들의 일상에 낮은 포복으로 접근 (…) 굴곡진

181

삶의 주름들 사이에 빼곡히 숨어 있는 기억, 감정, 고자질, 아집, 전쟁하기, 휴식, 권위, 충성 등등의 모순을 부조리하게 드러낸다"[2]고 언급한다.

상투적인 일상은 없다

가끔 겉보기에 화려하지만 향기가 없는 아카이브를 만날 때가 있다. 제한된 시간 때문에 더 깊이 살피지 못한 채 서둘러 인터뷰가 마무리되었거나, 꼭 포함되었어야 할 기록을 실수로 누락시켰거나, 자료 자체를 재생산하지 못했던 것이다. 상투적인 일상을 담은 상투적인 아카이브는 매력 없다. 일상이란 찬찬히 오래 들여다보지 않으면 절대 속내를 알 수 없는 미궁과도 같다. 시간을 들여 정성을 다해 다가갈 때 일상은 비밀의 문을 연다. 여전히 일상에서 무언가 발견하지 못했다는 건 결국 속도 문제다. 우린 너무 빨리 살아간다. 시계가 지시하는 대로 몸과 마음이 정향(定向)되어 있다. 돈의 회전속도를 중단시키거나 지연시킬 수 없다면, 일상의 이면은 잘 드러나지 않는다. 자본은 매끄러운 평면의 삶을 지향하고 생산한다. 정신 차리고 매우 신속하게 대응

---

2 알프 뤼트케, 이유재 엮음, 송충기 옮김, 「알프 뤼트케의 일상사 연구와 '아집' – 직선을 벗어나 구불구불 가기」, 역사비평사, 2020.

하지 않으면 인생 자체가 수렁에 빠질 거라는, 확인되지 않은 주문에 우리는 사로잡혀 있다.

이와 관련하여, 사회학자 기시 마사히코(岸政彦)의 작업은 난공불락의 일상에 매몰되지 않을 지혜를 제시한다. 그의 작업은 낱낱의 단편으로 조각난 일상이 천천히 주고받는 대화 속에서 하나둘 모여 어렴풋하게나마 그 윤곽을 드러내고, 마침내 작은 시냇물이 되어 묵묵히 인생이라는 거대한 바다로 흘러가는 과정을 감동적으로 보여준다. 소위 '사회적 소수자'로 분류될 외국인 게이, 트랜스젠더, 섭식장애인, 마사지 걸, 싱글 맘, 노숙자 등 다섯 명의 인터뷰집인 『거리의 인생』에는 '짧은 질문과 두서없이 이어지는 대답, 말줄임표와 멋쩍은 웃음'과 함께 그들의 파란만장한 인생 이야기가 펼쳐진다. 이야기 속에서 그들은 주인공이 된다. 추천사를 쓴 노명우의 말처럼, 그들은 "버림받은 사람, 내쳐진 사람, 감추어진 사람, 숨어 있어야 하는 사람, 발언해서는 안 되는 사람, 부끄러워해야 하는 사람"에서 "인생이 담긴 로드무비의 주인공"이 된다.[3] 그렇듯 이 책은 일상의 이면에 방치된 채 아슬아슬한 삶을 이어가는 이들에게 당당한 지구시민권을 부여한다.

---

3 기시 마사히코, 김경원 옮김, 『거리의 인생』, 위즈덤하우스, 2018.

노하우(know-how)

기시 마사히코의 인터뷰 노하우는 첫째, 연구·교육·발표와 상
관없이 어쩌다 만나게 되는 사람들에게 그냥 '이 사람 재미있
네', '이 사람 느낌 좋네' 싶으면 가벼운 마음으로 대화를 요청하
는 것이다.

둘째, 이야기를 끊지 않는다. "이야기는 살아 있기 때문에 잘
라내면 피가 난다. 이야기를 도중에 갑자기 중단당한 그의 침묵
은 끊긴 이야기가 지르는 조용한 비명이었다."[4]

셋째, 자신의 견해로 상대방을 분석하거나 평가하는 질문을
던지지 않는다. "적어도 우리에게는 가장 괴로울 때 웃을 자유가
있다. 가장 힘든 상황 한복판에서조차 거기에 얽매이지 않을 자
유가 있다. 사람이 자유다. (…) 언어라는 것은 단순한 도구가 아
니다. 베이면 피가 나온다."[5]

넷째, (아마 따라 하기 가장 어려운 것이겠지만) 잠자코 곁에 있는 것이
다. "감정이입도 없고, 의인화도 없는 곳에 존재하는, 그리고 '모
든 것'이 '바로 이것'이라는 그 단순한 엉뚱함. 그 속에서 개별이
라는 것이 지니는 무의미함."[6] 여기서 '무의미'는 '의미가 없이

4   기시 마사히코, 김경원 옮김, 『단편적인 것의 사회학』, 위즈덤하우스, 2016, 60쪽.
5   위의 책, 98쪽.
6   위의 책, 16쪽. 기시 마사히코도 알프 뤼트케처럼 일상의 복합성과 다층적 모순을 잘 인지하는
    연구자로서, 특히 그는 개인 아카이브에 내장된 이야기의 결들이 갖는 연원이나 심연에 감추어
    진 고통 등을 직관적으로 감지, 전면적으로 수용하여 깊게 통찰하는 능력이 두드러져 보인다.

허망한 것'이라는 뜻으로 해석되지는 않는다. 말의 맥락을 따르면, 존재를 감정이입이나 의인화와 같은 의미의 틀에 가두지 않는 것이다. 노자가 말하는 무위(無爲)가 '아무 일도 하지 않는 것'이 아니듯 말이다.

'관계'라는 사건

피 끓는 고통으로 과거사를 이야기하는 타인의 곁에서, 죽음이 임박한 개의 곁에서, 두서없이 현재와 과거를 넘나들며 무용담을 늘어놓는 노숙자 곁에서, 길가 자그마한 돌멩이 곁에서 잠자코 가만히 있으려면 그만큼의 노력이 쌓여야 가능하다. 나 자신의 경험과 판단과 견해와 일정을 내려놓고, 함께 처한 이 순간만큼은 온전히 상대에 충실한 존재자가 되려면 오랜 숙련(熟練)이 필요하다.

기시 마사히코는 "상이한 존재와 더불어 살아가는 일에 대해 있는 그대로 소박하게 가치를 긍정하는 것"이 우선 필요하며, "동시에 우리는 '타자라는 것'을 구둣발로 밟고 다니는 일 없이, 한 걸음 바로 앞에 무르춤하게 멈추어 서는 감수성도 반드시 필요하다"[7]고 말한다. '나'라는 타자를 옆에 둔 타인은 함께 있음으

7 위의 책, 180~181쪽.

로써 자신을 표현하고 살아 있음을 느낀다. 서로 작용하고, 서로 되기를 실행하는 것이다.

'타자'라는 존재의 출현은 '나'에게 최대의 사건이다. '나'의 다가섬 역시 '타인'에게 최대의 사건이 된다. '프랑스의 소크라테스' 알베르 자카르(Albert Jacquard)는 '나'라는 사람의 근본적인 실재는 '타인'과의 상호작용에 의해 형성되는 것, 즉 '나'는 내가 타인들과 엮어나가는 관계망 자체라고 말했다.[8] 서로에게 출현한 나와 타인, 그 사이에는 더 이상 단절이란 없다.

아카이브는 이야기 조각으로 만든다. 이야기는 기억의 조각으로 만들고, 기억은 관계라는 사건으로 만든다. 그리고 사건은 시간을 만든다. 아카이빙은 나와 너 그리고 그와 그것을 연결하는 작업이다. 오래된 아카이브에는 기억과 망각으로 얼룩진 흔적들이 가득히다. 이야기 조각들이 맥락이 지워진 채 나뒹굴기도 한다. 발터 베냐민(Walter Benjamin)은 "이야기는 보고하는 사람의 삶 속에 일단 사물을 침잠시키고 나중에 다시 그 사람에게서 건져 올린다. 그래서 이야기에는 옹기그릇에 도공의 손자국이 남아 있듯이 이야기하는 사람의 흔적이 남아 있다"[9]고 말했다. 그렇게 주름지고 파이고 구불구불하고 모순투성이처럼 보여도 허투루 된 건 없다. 싫든 좋든 모두 다 우리 인간의 소행일 뿐, 헛된 건 없다.

8 알베르 자카르, 장혜영 옮김, 「청소년을 위한 철학교실」, 동문선, 1999, 18쪽.
9 발터 벤야민, 최성만 옮김, 「이야기꾼」, 「서사·기억·비평의 자리」, 길, 2012, 430쪽.

일본 도시 뒷골목의 밤 풍경. 기시 마사히코의 『거리의 인생』에는 바에서 쇼를 하는 트랜
스젠더나 성매매를 하며 가족을 부양하는 여성, 노숙인 등 뒷골목 인생과 소수자의 이야
기가 담겼다. 저자는 이들에게 다가가면서도 적절한 거리를 유지하며 진솔한 이야기를 끌
어낸다. * (위즈덤하우스 제공)

단편적인 일상, 주름진 이야기들

지역문화원이
지역을 아카이빙한다는 것

최영주 경기도문화원연합회 사무처장

문화적 정체성보다 문화자원 옹호를

공공 기록은 표준[1]이 정해져 있습니다. 그것이 제도적 힘으로 작용하기도 합니다. 한동민 수원화성박물관장은 여기서 말하는 제도적 힘을 '공공이 독점한 기록의 주권'이라고 표현합니다. 즉 기록을 누가 하며 그렇게 만들어진 기록물은 누구의 것인가라는 문제의식인데, 현재 지역문화원에서 한 번도 고민해보지 않

---

1 한신대 이영남 교수는 "국가 기록은 표준이 중요하다. 표준을 제대로 만들어서 제도의 힘으로 확산할 수 있기 때문이다"라고 말하면서 국가 차원의 아카이브가 기록물에 초점을 두는 이유에 대해 설명하고 있다. 그러나 한 걸음 더 나아가 "마을 기록은 표준보다는 서사가 더 필요하다. 때문에 수만 가지, 수백만 가지의 방법이 가능하다"고 말한다. 이영남 외, 「누구나 마을 아카이브」, 더페이퍼, 2018.

았던 문제입니다. 여기서 말하는 '주권'은 단순히 소유권을 말하는 것이 아닙니다.

기록으로 체화된 경험이 정서적 공동체 의식으로 확장되어 지역의 상징성을 만들어내는 주체가 누구인가의 문제입니다. 시민의 정서가 지역의 정체성을 형성하고, 그 정체성이 지역을 특성화시키는 것이라는 측면에서 기록물의 '시민주권 회복'을 이야기하는 것입니다.

이런 맥락에서 보면 공공의 기록만으로는 역사를 대변하지 못합니다. 공공 기록은 지역의 정체성과 공동체성을 강화하지는 못합니다. 그 영역을 민간 기록이 담당해야 할 이유가 거기에 있습니다.

그러나 민간 기록은 표준이 없습니다. 민간 기록물을 아카이브하는 것의 어려움이 여기에 있습니다. 그러나 '기록'이 가지는 제도적 힘을 알기 때문에 민간 기록물은 항상 주목받기를 바라고, 그것이 표준이 되기를 바라는 욕망이 끊임없이 작동합니다. 기록의 의미가 왜곡되는 위험을 감수하면서 말이죠. 이것이 민간 기록 아카이브가 가지는 두 번째 어려움입니다. 민간 기록에 표준이 없다는 점은 변화하고 변천하는 것이 문화의 고유한 점이기 때문에 오히려 지역문화의 정체성이라는 개념으로는 지역문화의 변화를 담아낼 수 없다는 것과 맥락이 닿아 있습니다. 이 때문에 프랑수아 줄리앙(François Jullien)은 『문화적 정체성은 없다』에서 '문화적 정체성'보다는 '문화자원을 옹호'[2]하는 것이 낫다고 제안합니다. 즉 정체성을 말하는 순간 변화하고 변모하는 문

189

화의 고유한 개념이 축소된다고 보는 것입니다.

여기서 말하는 '옹호'는 문화적 자원을 '보전'하기보다 '활용' 함을 의미합니다. 문화적 자원이 특정 언어 및 특정 장소와 국가에서 생겨난다는 점을 인정한다고 해도, 그 문화적 자원은 모두가 사용할 수 있는 것이시 어딘가에 귀속되는 것은 아닙니다. 때문에 기록의 주인은 그 지역의 정동적 가치를 공유하고 있는 주민이 되어야 합니다. 그렇다면 이제 지역문화원은 무엇을 어떻게 남기고, 그 보관은 어떻게 하고, 그 기록이 갖는 지역적 의미를 어떻게 전승(보존만이 아닌 활용)해야 할 것인가의 문제가 남습니다.

〈아웃랜더〉와 〈백 투 더 퓨처〉

넷플릭스 시리즈 중 〈아웃랜더(Outlander)〉라는 드라마가 있습니다. 1991년 처음으로 출간되어 2600만 부가 팔린 다이애나 개벌든(Diana Gabaldon)의 동명의 소설을 원작으로 하는 드라마입니다. 2차 세계대전에 참전한 영국 종군간호사였던 클레어가 우연한 계기로 200년 전의 스코틀랜드에 타임 슬립(time slip)하게 되면서 겪는 이야기로 구성되어 있습니다. 그리고 1985년부터 시작

190   2   프랑수아 줄리앙, 이근세 옮김, 『문화적 정체성은 없다』, 교유서가, 2020, 11~13쪽.

된 로버트 저메키스(Robert Zemeckis) 감독의 〈백 투 더 퓨처(Back to the Future)〉라는 영화가 있습니다. 〈아웃랜더〉와 같이 시간 여행물로서 미래는 큰 비중이 없고 대부분의 배경은 과거입니다.

여기서 말하고자 하는 것은 과거의 당시 인물, 거리 등을 알게 되는 과정은 당시 기록된 자료를 찾아서입니다. 〈아웃랜더〉의 경우 남편 역의 실제 인물인 프랭크 울버튼 랜달(Frank Wolverton Randall)이라고 하는 역사학자가 쓴 가문의 족보를 통해 당시 시대상, 사람과의 관계, 마을의 형성 과정 등을 알게 되고, 〈백 투 더 퓨처〉의 경우 미국 서부 작은 마을 '힐벨리'의 마을사료관에서 주인공의 운명을 결정짓는 대부분의 중요한 단서를 발견합니다. 그 지역의 건물, 시계, 편지, 사진 자료, 묘비 등의 모든 기록이 의미를 갖는 순간들이 전체 스토리라인에서 중요한 부분을 차지합니다. 두 영화 모두 그러한 기록을 보관하고 있는 사료관이 있습니다. 그 마을은 큰 규모가 아닙니다. 작은 마을의 기록이 영화나 드라마를 통해서 특별하게 부각된 사례라고 생각하지 말기를 바랍니다.

그동안 지역문화원이 남긴 아카이브의 성과가, 개별적으로 존재하는 한 명 한 명의 삶의 궤적을 모아 지역을 만들고 그것의 기록이 지역문화를 구성하는 것이 아니라 한민족, 대한민국 문화의 일부로서 지방이라는 관념에서 지역을 바라보고 있는 것은 아닐까 하는 문제의식이 필요하다는 것입니다.

지역문화원이 지역을 아카이빙한다는 것

문화원은 지역의 무엇을 기록해 남길 것인가?

지역문화원은 지역의 과거를 다룹니다. 그동안 문화원은 과거를 다룬다는 것의 의미를, 과거로 눈을 돌려 미래의 비전을 찾을 수 있다거나 해방 이후 현대화된 대한민국을 만들기까지의 발걸음이 남겨진 역사 유산을 후세에 남기고자 하는 것으로 생각하지 않았을까 싶습니다. 앞으로 대한민국이 나아갈 길, 작게는 지역이 나아갈 길을 잘 정비하여 세상을 짊어질 젊은이들이 미래를 생각하는 계기로 만들고자 하는 의도가 반영된 것이라 할 수 있습니다. 즉 역사를 회고하고 과거를 기리는 것에 머무르지 않고, 미래로 투사해야 할 과거의 모습을 부각하고, 미래를 선택된 과거의 연장 혹은 반복으로 간주하는 것입니다.

그러나 다른 각도에서 보면 '과거에 죽은 사람'과 '아직 태어나지 않은 미래의 사람'을 연결하여 '국가'[3]라는 공동체의 영속성을 상상적으로 회복시키려 했다는 점에 주의할 필요가 있습니다. 국가라는 개념에 현재 살아 있는 사람만이 아니라 과거와 미래의 구성원을 포함시키면서 양쪽이 지닌 시대적 사회성을 다 벗겨내고 오직 한국인(순수한 지역민이라고 해도 상관없습니다)이라는 속성만 남았을 때 생기는 민족적 순수성을 추구하는 것은 아닐까 하는 문제의식이 필요합니다. 이러한 생각이 잘못된 방향으로

3　여기서 '국가'라는 개념이 가지는 모호성 때문에 지역문화원이 조사하는 '과거'가 국가공동체와 지역공동체를 혼동하는 이유를 찾을 수 있지 않을까 싶다.

갈 경우, 순수한 지역민이 아니면 배척할 수 있다는 논리로 발전할 수 있다는 것입니다.

이제 동일한 문화적 잣대를 가지고 해석하고, '올바른 문화(?)'는 어떤 형태여야 하는지 강조하는 것은 시대적인 흐름과 맞지 않습니다. 이미 다양한 문화가 존재하고 있고, 저마다의 가치와 지향을 갖고 있기 때문입니다. 지방문화원이 비합리적 아비투스(habitus)로 구성된 연고주의 네트워크라는 자기 성격을 가지는 이유가 국가민족주의적 사고의 틀에서 벗어나지 못해서인 것은 아닌지 자문해볼 필요가 있다고 생각합니다. 일반화의 오류를 무릅쓰고 말하자면 문화원이 추진하고 있는 사업의 많은 부분이 '시민 없는 시민 행사', '주민 없는 지역 기록'이라는 협의에서 벗어나기 힘든 이유가 거기에 있지 않은가 생각합니다.

'회색 자료'를 어떻게 넘을 것인가

지역문화원은 아카이빙한다는 것을 참 낯설고 어렵게 생각합니다. 아카이브(archive)는 '소장품이나 자료 등을 디지털화하여 한데 모아서 관리할 뿐만 아니라 그것들을 손쉽게 검색할 수 있도록 모아 둔 파일'이라고 정의합니다. 즉 문화원은 소장하고 있는 자료를 디지털화하고, 그것을 한군데 모아서 관리하고, 또한 그것들을 손쉽게 검색할 수 있도록 해야 한다는 세 가지의 과제를 받은 것입니다.

193

경기도에서만 80여 권의 기록물(주로 책자 형태)을 매년 발간하고 있습니다만, 문화원에서 발간한 자료는 '회색 자료'라고 말합니다. 출생신고(ISBN 발급)가 되어 있지 않기 때문에 직접 문화원에서 책을 찾아보지 않으면 구할 수 없기 때문입니다. 국제표준도서번호(ISBN) 제도는 "문헌 정보의 관리와 유통의 효율화를 기하는 제도로 도서관계의 서지정보 기초 데이터로 활용"[4]하기 위해 만들어졌는데, 각 도서를 숫자로 데이터화하여 관리·분석하는 것입니다. 그런데 지역문화원이 이 제도를 이용하지 않는 것은 그동안 발간한 책을 유통시키고자 하는 생각이 없었다는 뜻이 됩니다.

한국문화원연합회는 2020년부터 '정보화 전략 계획'에 의거, 지역문화원이 소장하고 있는 지역문화자원을 디지털화하여 통합 관리와 손쉬운 검색 시스템 구축을 위해 노력하고 있습니다. 지방문화원 소장 자료의 일원화된 관리 체계 수립을 통해 수집 단계에서 활용 단계까지 전 관리를 강화하겠다는 목표를 세웠습니다. 통합 자료 관리 시스템을 통해 향후 지방문화원 간 업무 협업, 사업 경험 공유로 시너지 효과를 기대하고 있다고 합니다.

그러나 지역문화원은 공공 기록이 아닌 민간 기록을 아카이브하고 있습니다. 지역을 기록한다는 것은 기록물(결과물)에 한정 짓는 것이 아니라 '과정'을 어떻게 아카이빙할 것인가[5]에 대한

4 국립중앙도서관 〈https://www.nl.go.kr〉

방법을 찾는 것이 중요합니다. 지역의 기록은 처음 생산된 기록에 사람들이 덧붙이고 덧붙여서 많은 이야기가 같이 어우러져 계속 활용되는, 살아 있는 유기체 같은 성격을 갖게 하는 '리빙 아카이브(Living Archives)'적 접근이 필요합니다. '일원화된 관리 체계'라는 표준을 만들려는 접근에 대해 회의적인 이유가 그것입니다.

의정부 시민기록자가 기록한 『헬로 뺏벌』

지역을 기록으로 남기는 데 있어서 가장 필요한 것은 시민기록자를 양성하는 것입니다. 지역적 특성은 자발적 창의적 주민들의 참여에 의해 만들어지며, 지속 발전을 위해서는 독립적 운영에 기초한 참여가 필수적 요소입니다. 의정부문화원의 경우가 대표적이라고 볼 수 있는데 지역 주민 인프라 중심의 마을 기록 활동의 일환으로 의정부 마을 기억 찾기 프로젝트 〈義記to合(의기투합)〉이라는 사업이 그것입니다. 마을의 과거와 현재를 다양한 시각의 이야기로 기록하는 10년 장기 프로젝트입니다.

첫 번째 결과물로 뺏벌 마을지 『헬로 뺏벌』을 발간했습니다.

---

5 에릭 케텔라르(Eric Ketelaar)는 "기록은 산출물로서가 아니라 과정으로 취급되어야 한다"고
   말한다. 즉 기록의 개념을 우리 손에 잡히는 기록을 중심으로 하는 관리 체계를 넘어서야 한다
   는 것을 의미한다. 이영남 외, 앞의 책.

지역문화원이 지역을 아카이빙한다는 것

『헬로 뺏벌』은 미군부대로 인한 의정부 변천사를 상징하는 '뺏벌 마을'에 대한 기록입니다. 뺏벌은 의정부 고산동에 위치한, 이름도 없이 선산을 지키는 사람들만 살던 굉장히 작은 마을이었습니다. 한국전쟁 이후 미군부대인 캠프 스탠리(Camp Stanley)가 주둔하면서 돈을 벌기 위해 많은 사람들이 마을로 들어와 기지촌이 형성되고 자연스럽게 마을 규모가 커져 큰 부흥기를 맞았던 의정부의 대표 지역이었습니다. 하지만 지금은 미군부대가 철수하고 과거의 화려한(?) 기억만이 남아 있는 마을입니다.

이 작업의 중요한 지점은 과거를 조사하는 기존의 민속 조사 방식과는 다르게 현재를 살아가고 있는 의정부 시민의 관점에서 최대한 객관적인 시각으로 기록하고자 하는 것입니다. 실제 뺏벌 마을에서 생활하고 있는 주민들이 구술한 자료를 바탕으로 의식주를 비롯한 생업, 놀이, 의례 등에 대한 이야기를 담아냈습니다. 문화원은 사전에 〈의정부 시민마을기록자 양성 과정〉을 진행했고, 이 양성 과정을 마친 시민기록자들이 마을 조사에 참여했습니다. 시민기록자들은 앞으로도 의정부문화원에서 진행할 조사 사업에 참여하고 점차 활동 범위를 확장해나갈 예정이라고 합니다. 의정부문화원에는 또 다른 기록자들이 있습니다. 어르신 사진동아리는 개발로 사라질 예정인 마을을 사진으로 기록하고 있습니다. 문화학교 〈펜화동아리〉는 펜화로 마을을 그리기(기록하기)를 진행하고 있습니다. 지역문화원 동아리의 차별화가 돋보이는 지점이라고 할 수 있습니다.

현재는 고정되어 있지 않은 시제입니다. 순수한 지역민, 순수한 한국인이 존재한다거나 해야 한다는 주장이 의미가 없는 시제입니다. 절대적 확실성이 아닌 상대적, 확률적 성격만이 존재하는 시제가 곧 현재입니다. 무엇이든 가능하고 어떤 생각도 허용됩니다. 정체성이라는 고정된 틀이 존재할 틈이 없는 현재를 기록하는 것, 현재를 아카이빙하는 것이 지역의 미래를 만들어가는 과정으로서의 아카이빙이고, 변화하고 변동하는 확장된 지역문화로 만드는 방법이라는 생각을 해야 하지 않을까, 지역문화원에 제안해봅니다.

사람이, 사람을, 사람으로
대한다는 것

········ 이용원 월간 『토마토』 발행·편집인

모든 기록은 공유와 확산을 전제로 한다. 범위와 시간에 제한이 있고 의도한 만큼 공유와 확산이 이루어지지 않더라도 그것이 기록의 본래 의도이다. 물론, 대표적 기록물인 '일기'는 사적이어서 공유를 전제로 하지 않는다. 하지만, 이순신 장군이 쓴 『난중일기』나 안네 프랑크(Anne Frank)가 쓴 『안네의 일기』처럼 일기 역시 언제든 공유 가능하다. 그 가치 또한 높다. 편지도 다르지 않다. 우리는 다양한 기록을 공유하며 우리 사회의 과거와 현재를 이해한다. 그 힘으로 미래를 상상한다. '기록'은 그런 점에서 과거와 현재, 미래를 연결하는 구체적이며 실증적인 고리다.

안타까운 건, 지금껏 우리 사회 기록이 편중되었다는 점이다. 지역은 '서울'에 집중했고 인물은 권력과 재력 등 무엇이든 '가진 자' 중심이었다. 이런 기록의 편중은 단순히 공정성 측면에서

198

안타까움을 주는 건 아니다. 다가올 미래를 상상하는 데 사회 구성원 전체의 이해와 요구를 충분히 반영할 수 없다는 문제가 있다. 우리가 흔히 사용하는 '기록은 민주주의다'라는 명제가 성립할 수 있는 이유다.

지금껏 우리 사회에서 서울을 제외한 공간은 뭉뚱그려 지방이었을 뿐이다. 각 지역이 지닌 고유한 문화는 그 가치에 합당한 평가를 받은 적이 없다. 고유성을 드러내며 우리 역사 중심에 선 적도 없다. 지역이 역사에 등장하는 건, 중심에 저항할 때뿐이었다.

그랬던 지역은 이제 그 자체로 가치 있는 콘텐츠이다. 마치 그동안 없었던 존재가 이제야 나타났다는 듯 공공이든 민간이든 관심이 뜨겁다. 민망할 정도다. 이런 분위기 속에서 평범한 우리네 이웃에 대한 관심도 함께 높아졌다. 반길 만한 변화임에도 마냥 유쾌하지만은 않다. 지역과 사람을 기록하는 일은 대상이 지닌 진정한 가치를 해석하고 의미를 부여하는 작업이다. 지역을 자본주의 시장에서 소비할 또 다른 '상품'으로 인식하는 건, 곤란하다.

우리가 기억해야 할 정서

대전광역시에서 월간 『토마토』를 발행한 지 이제 15년이다. 2007년 창간할 당시 '공간, 사람, 그리고 기록'이라는 테마를 콘셉트로 설정했다. 지금처럼 지역과 그 안에 켜켜이 쌓이는 평범

사람이, 사람을, 사람으로 대한다는 것

한 삶에 관심이 높지 않을 때다.

월간 『토마토』는 지역에서 다양한 공간과 평범한 사람 이야기를 차곡차곡 지면에 담았다. 세상의 모든 존재는 기록할 만한 가치가 충분하다. 지금껏 아무도 관심을 기울이지 않았던 우리 이야기를 직접 기록하고 공유하며 우리 미래는 우리 힘으로 상상하기를 희망했다.

이런 생각으로 창간 때부터 제법 긴 시간 이어온 꼭지가 바로 '대전여지도'다. 끊임없이 변화하고 때론 개발에 밀려 사라질 위기에 처한 마을을 기록하고 싶었다. 마을을 찾아가 주민을 만나 그들이 들려주는 이야기를 충실하게 기록하려 했다. 대부분 주민 증언에 의존해야 하는 작업이었다. 때로는 골짜기 지명까지 꼼꼼하게 챙겨 기록하고 때로는 오래전 마을에 시집온 할머니 개인사에 집중했다. 여의치 않으면 마을을 둘러싼 생대와 풍광을 기록했다. 그것이 무엇이든 우선 기록해두어야 한다고 생각했다. 시간이 흐를수록 마을 구석구석에 쌓여가던 이야기가 점점 희미해지는 것을 느꼈기 때문이다. 사회적으로 가치를 두지 않는 이야기는 그렇게 대(代)를 건너며 이어갈 힘을 잃고 있었다.

매월 잡지 콘텐츠로 갈무리해둔 마을 이야기를 단행본으로 엮었다. 『대전여지도』 1, 2, 3, 4. 지금까지 모두 네 종을 발간했다. 중구와 동구, 유성구, 서구다. 구별로 시리즈를 나누었다. 내년이나 후년에 다섯 번째 책, 대덕구 편을 내면 일단락이다. 시리즈 첫 작업이었던 『대전여지도 1 - 중구 편』을 만들 때 함께한 편집자가 내게 물었다. "의미 있는 책일지는 몰라도 절대로 팔리지 않을 책인데, 왜 이런 책을 군이 출판하려 하세요?"그때까지도 진지하게 해본 고민은 아니었다. 때가 되어 밥을 챙겨 먹듯 매월 마을을 취재해 『토마토』에 싣고, 그 원고를 추려 단행본으로 발간할 때까지 당연히 해야 할 일처럼 큰 고민 없이 진행한 일이었다. 편집자 이야기를 듣고 그제야 머릿속에 뒤죽박죽 들어앉은 이유를 정리하기 시작했다.

한국전쟁 직후 극심하게 힘들었던 시절을 거치며 대한민국은 1962년 '경제개발 5개년 계획'을 실행했다. 우리 사회에서 중요한 변곡점이었다. 계획 실행 후 지금까지 우리 사회 전반의 모습을 규정한 매우 중요한 결정이었다. 정부 주도로 펼친 성장 위주 경제정책, 수출 중심 정책이 핵심이었다. 그 결과 '한강의 기적'이라 부를 만큼 짧은 시간에 고도성장을 이루었다. 찬란한 성장만큼 사회 곳곳에 그늘도 드리웠다. 급하게 앞만 보고 달리느라 못 보거나 놓친 것이 숱했다. 성장은 많은 문제를 양산했다. 문제를 해결하려 제도를 정비하고 예산을 투여했다. 어느 정도 성과도 있었다. 하지만, 한계가 명확했다. 수없이 많은 이해관계가 얽히며 더욱 복잡해지는 문제를 중앙정부 차원에서 법과 제도에 기대 완벽하게 해결하려는 건 처음부터 불가능한 일이었다.

어쩌면 마을을 기록하며 문제의 시작 지점이자 해결의 실마리가 될 수 있는 요소를 찾았다. 『대전여지도』에 담은 마을은 주로 우리나라 경제성장 과정에서 마치 없었던 것처럼 소외되거나 뒤안길에 머물렀던 공간이다. 쇠락하고 낙후한 곳이라고만 여겼던 그 공간에는 우리가 잊거나 놓치고 살았던 소중한 가치

사람이, 사람을, 사람으로 대한다는 것

가 여전히 남아 숨 쉬고 있었다. 마을에서 발견한 가치 중 가장 도드라진 건, 역시 '사람'이었다. 마을 골목 구석구석을 다니며 배운 건, '사람이, 사람을, 사람으로 대한다는 것'에 관해서이다.

마을 고샅으로 들어서, 문이 활짝 열린 집에 들어서면 툇마루에 앉았던 할머니가 힘겹게 무릎을 짚고 일어나 방문객을 맞이한다. 낯선 이를 바라보는 짓무른 눈빛에 경계하는 기색이라고는 전혀 없다. 어디에서 왔는지, 무엇 때문에 왔는지도 어지간하면 묻지 않는다. 그저 따뜻한 햇볕이 내리쬐는 토방이나 툇마루에 엉덩이 걸칠 자리를 만들어줄 뿐이다. 도란도란 이야기를 나누다가 밥은 먹었는지, 춥지는 않은지, 고향 어머니처럼 묻는다. 나뭇등걸과도 같은 거친 손을 뻗어 차갑게 언 손을 꼭 잡아주거나 등을 쓸어내리며 토닥인다. 예고도 없이 집에 찾아든 이방인은 할머니에게 낯선 방문객이 아니었다. 그냥 사람이었다. 마을을 기록한 『대전여지도』를 통해 독자와 공유하고 싶은 핵심 정서다. 경계를 긋고 사람을 경계한 건, 나였을 뿐이다. 오랫동안 도시에서 살며 길든 습성이다.

독자가 우리가 기록한 마을 이야기를 공유하며 지난 60여 년 동안 정신없이 달려오면서 잃어버린 정서를 다시 기억하고 끄집어내기를 바랐다. 이 정서는 지금 겪는 수많은 문제를 근원적으로 건드릴 수 있는 유일한 가치다. 『대전여지도』라는 이름으로 마을을 기록하고 공유하기를 희망한 이유였다.

202

일상을 기록하고 공유하는 세상

　지금도 우리는 여전히 매월 잡지를 발행하고 지역 콘텐츠를 가공해 단행본을 출판한다. 사람과 사람이 만나 에너지를 교환하며 무엇인가를 도모하거나 대안을 모색하는 공간을 찾아 기록한다. 구두를 만들고 씨앗을 판매하고 쇠를 깎아 필요한 기구를 만들며 땀을 흘리는 이웃의 삶을 기록한다. 사회를 구성하는 모든 요소가 지닌 가치를 드러내 의미를 부여하고 기록하는 일은 당대를 살아가는 우리가 이제 마땅히 해야 할 의무다. 지금껏 살아냈던 역사와는 다른 더 나은 역사를 써가기 위해선 반드시 필요한 작업이다.

　무엇보다 지역 공간과 사람을 기록하는 일은 지역 역량으로 수행해야 한다. 전문가 혹은 전문 영역이라는 그럴듯한 이유로 공공 예산을 편성하고 지역 밖 외부 인력에 이를 맡기는 것은 옳지 않다. 산업화 이후 수많은 영역에서 서비스라는 이름으로 대행이나 위탁이 이루어졌던 것처럼 기록조차 산업군에 편입해 시장 논리가 작동하도록 내버려두어서는 안 된다. 이런 방식은 기록해야 할 존재를 대상화하고 소비할 가능성이 매우 크다. 지역을 '로컬'이라 표현하며 비즈니스 모델 안에 유용한 상품으로 편입하는 세태가 영 불편한 이유다.

　공공은 기록 결과물이라는 성과에 집중할 일이 아니다. 지역 안에서 다양한 측면의 기록이 일상적으로 일어날 수 있는 생태계를 갖추도록 지원해야 한다. 거칠더라도 자기 역사를 자기가

203

기록할 수 있는 문화를 만들어야 한다. 그 결과물에 완성도가 떨어지더라도 그걸 모아 의미 있는 자료로 가공하는 건, 아키비스트가 해야 할 영역이다. 민간 영역에서는 각각 다른 관점으로 바라본 다양한 기록물을 생산하는 것으로 족하다.

월간 『토마토』가 '기록'이라는 영역에서 기획하는 '생애주기별 출판운동'도 이런 측면에서다. 아직 기획 단계지만 기회를 만들어 중요하게 진행할 일이다. 초등학교에 입학하거나 졸업할 때, 스무 살이 되었을 때나 환갑이 되었을 때 자기 역사를 자기가 기록해 책자로 엮는 문화를 만들고 싶다. 이를 마을이나 지역 단위 도서관에서 수서해 함께 사는 시민이 공유할 수 있도록 해야 한다. '지역 콘텐츠가 풍성한 지역 도서관'은 절대로 어색하지 않다. 지역 곳곳에서 일상을 기록하고 이웃과 공유할 수 있는 세상을 꿈꾼다.

환대하는 마을 환대하는 마음

―간다 세이지, 『마을의 진화』

고영직 문학평론가

여기 낯선 타지 사람들에게 개방적인 희한한 산촌 마을이 있다. 일본 시코쿠(四国) 지역 도쿠시마(德島)현 가미야마(神山)는 전체 면적의 83퍼센트가 삼림 지역인 전형적인 산촌이다. 우리식으로 말하자면 강원도 같은 산간 지역이지만 임업은 쇠락했고, 한때 2만 명을 육박하던 인구 또한 줄어 2015년 기준 5300명으로 과소마을로 전락했다. 그런데 최근 몇 년 사이 가미야마 산촌에 대한 관심이 일본 전역에서 뜨겁다. 도쿄(東京)에 본사를 둔 정보통신(IT) 기업들이 앞을 다퉈 산골 마을에 위성사무실을 내고 있고, 청년 세대를 비롯한 다양한 이주민들이 가미야마를 찾는다.

205

마을은 마음이다

가미야마의 변신은, 일본 정부가 수년 전부터 인구 감소를 막고 도쿄 일극(一極) 집중을 막기 위해 실시한 '지방창생(地方創生)' 사업·정책과 아무런 관련이 없다. 일명 '마스다 보고서'로 부르는 마스다 히로야(增田寬也)의 「성장을 이어가는 21세기를 위하여: 저출생 극복을 위한 지방 활성화 전략」(2014)으로 국내에도 잘 알려진 일본 정부의 지방창생 정책과 사업은 일자리 만들기와 고용 창출에 매진함으로써 오히려 농산어촌 지역 인구 유출이 더 심해지며 도쿄 일극 집중을 강화했다는 비판에서 자유롭지 못하다. 지방회생과는 거리가 먼 정책인 셈이다. 야마시타 유스케(山下祐介) 교수는 『지방회생』(이상북스)에서 마스다 보고서에 투영된 지방창생 정책에 대해 "도시의 눈으로는 지방을 살릴 수 없다"고 비판한다.

그런데 가미야마 사례는 중앙정부가 주도한 사업이 아니라 지역에 사는 '주민'들이 재미와 장난처럼 시작하며 자발적으로 주도했다는 점에서 퍽 흥미롭다. 『마을의 진화』[1]는 간다 세이지 기자가 참여관찰 기법으로 가미야마 주민 100명을 심층 인터뷰하여 2016년 10월 3일부터 12월 16일까지 『아사히신문(朝日新聞)』 오사카(大阪) 본사 발행 석간신문에 총 52회에 걸쳐 연재한 '가미야마의 도전'을 토대로 추가 취재를 더해 단행본으로 묶은 책이

206   1   간다 세이지, 류석진·윤정구·조희정 옮김, 『마을의 진화』, 반비, 2020.

다. 마을의 진화 혹은 도시의 진화는 어떻게 가능한가를 생각하게 하는 좋은 책이다. 책장을 덮고 나면 마을의 진화 혹은 도시의 진화는 무엇보다 다양성의 공생이 중요하다는 통찰을 독자들에게 선사한다. 그리고 내가 사는 삶터, 마을, 도시에서 다양성의 공생이라는 가치가 제대로 구현되는지 돌아보게 한다.

『마을의 진화』에서 특히 주목해야 할 점은 타지 사람들에게 환대하는 마을이 되는 과정이다. 그 영업비밀은 재미와 장난의 요소가 크게 작동한다. 그리고 이 모든 '큰 그림'을 그린 사람은 비영리단체(NPO) 법인 그린밸리의 설립자인 오미나미 신야(大南 信也) 이사장과 그 주위에 포진한 또래 친구들이었다. 이주 촉진과 정보통신 기업 유치를 맡기 위해 2004년 12월 설립한 그린밸리는 오미나미 이사장이 미국 유학 시절 실리콘밸리에서 착상을 얻어 세운 비영리법인이다. 그린밸리 설립 이전에도 오미나미 이사장을 비롯한 또래 친구들은 마을의 진화를 위해서는 개방성과 다양성의 가치가 절실히 요청된다는 점을 깨닫고 재미있고 장난스러운 프로젝트를 여럿 진행했다.

첫 시작은 푸른 눈의 인형인 '앨리스 인형 귀향 추진위원회'를 구성한 것이다. 앨리스 인형은 1920년대 미국과 일본의 우정을 상징하는 물건이라고 한다. 1927년 미국 시민사회가 주도해 일본과 미국의 우호를 증진하기 위해 일본 초등학교 등지에 인형 1만2000개를 보냈다고 한다. 그중 하나가 가미야마에 아직 남아 있었는데, 이 인형을 고향인 미국으로 다시 보낸다는 발상을 하고 30여 명의 추진단을 결성해 인형의 주소지인 미국 월킨스

버그시를 방문한 것이다. 간다 세이지 기자는 "자신들이 즐겁다고 생각하는 일을 하고 나니 풀뿌리 교류가 이루어졌다"라고 적는다.

이밖에도 가미야마의 오늘을 만든 요인이 재미와 장난의 요소였다는 증거는 많다. 외국 예술가, 외국어 지도교사, 국내 정보통신 기업, 일반 이주자들을 모집하는 과정이 흥미롭다. 이 과정을 보면 환대하는 마을은 결국 환대하는 마음에서 비롯한다는 점을 잘 알 수 있다. 예를 들어 1999년부터 2015년까지 해마다 '가미야마 아티스트 인 레지던스(Kamiyama Artist in Residence, KAIR)'를 진행하며 163명의 해외 예술가들을 유치했다. 또한 작은 산골 마을에 외국어 지도교사 연수 프로그램을 유치해 13년간 해마다 외국인 청년 20~30명씩을 초대해 마을에서 홈스테이하며 주민들과 일상적으로 소통했다. 외국인을 비롯한 타지 사람들을 배척하지 않는 마음의 문화를 형성한 것이다. 마을이 필요로 하는 이주자를 '역지명'하는 방식도 재미있다. 이와 같은 이야기들은 프로젝트 추진 과정에서 재미와 장난의 요소가 얼마나 중요한지 잘 보여준다. 이러한 프로젝트 과정에서 가미야마 주민들이 '마을은 마음'이라는 문화를 견고히 형성했으리라. 해외 예술가를 비롯해 이주자를 모집하는 가미야마 사람들의 당당한 겸손함이 묻어나는 문장을 보라. 결국, 태도가 중요한 것이다.

만족할 만한 시설을 원한다면 가미야마는 당신이 찾는 곳이 아닙니다. 풍족한 자금을 원한다면 가미야마는 당신이 찾는 곳이 아닙니다.

그저 일본 시골에서 마음 따뜻한 사람들과 이야기를 나누고 싶다면, 사람 중심의 프로그램을 찾고 있다면, 가미야마야말로 당신이 원하는 장소임에 틀림없습니다.(43~44)

'사람 중심의 프로그램'이라는 문구가 한눈에 들어온다. 문화예술 교육·활동을 비롯해 생활문화 사업, 마을 만들기 사업, 마을 큐레이터 사업 같은 다양한 프로젝트에서 사람 중심의 활동이 우선이라는 말을 습관처럼 내뱉지만, 현실에서 그런 정신이 제대로 구현되며 진행되는지 돌아볼 필요가 있다. 쉽게 자신할 수 없으리라. 결과보다는 과정 중심의 프로젝트가 중요하다고 말하지만, 결과 내지는 성과에 연연해하며 노심초사하는 모습을 우리는 자주 목격하곤 한다. 경제가 아닌 사람, 수도권이 아닌 지역, 일자리가 아닌 노동 중심의 대안을 마련하지 않고서는 쉽지 않을 수 있다. 반면에, 가미야마 사람들은 사람들을 환대하는 마음으로 예술가, 정보통신 기업, 이주자들을 모집하고, 지역 공헌 같은 것에 너무 연연해하지 말라고 말한다. "지역 공헌 따윈 전혀 생각하지 않아도 괜찮아요."라고 말하며, '일단 한번 해보시라'고 사람들을 충동질한다. 젊은 사람들에게 기회를 주는 가미야마 어른들의 태도가 놀랍지 않은가. 거기에서는 팔짱 끼고 '너 하는 것 보자'식의 마음의 문화는 어디에도 없다.

환대하는 마을 환대하는 마음

"이것은 실현시키기 위한 계획입니다"

그럼에도 불구하고 가미야마는 여전히 최첨단 과소화 지역이라는 위험에 노출되어 있다. 이 문제를 인식하고 풀어가려는 행정과 민간의 협력 방식 또한 참조할 짐이 적지 않다. 면(面)과 그린밸리를 비롯한 민간이 서로 손을 잡고 마을의 지속가능성을위해 해마다 15세 미만의 어린이가 두 명 있는 4인 가족 다섯팀, 모두 20명을 받아들이자고 합의하고 창조적 과소를 과감히지향하자는 데 동의했다. 여기서 확인해야 할 것은 창조적 과소는 사람 숫자가 아닌 내용을 보자는 것이다. 한마디로 말해 사람의 격(格)을 생각한다고 해야 할까.

『마을의 진화』에는 이처럼 창조적 과소를 지향하려는 가미야마의 매력을 곳곳에서 만날 수 있다. 6개월 체류형 직업훈련을하는 '가미야마 주쿠(塾, 합숙소)'를 운영하고, 실험 이주를 권징하는 프로그램을 운영해 청년들을 유인한다. 청년 및 이주자들의자기실현을 응원하며 삶과 일을 연결하려는 가미야마 라이프스타일에 참여하도록 유도한다. 설계비는 줄 수 없지만, 젊은 손으로 자유롭게 만들어달라고 부탁하는 식이다. 오미나미 이사장이 "기업 유치가 아니라 사람 유치"(103쪽)가 중요하며, 다양한 사람들이 모여 새 물결이 일어나는 휴머노믹스(humanomics)를 지향한다고 역설하는 이유가 여기에 있다. 이처럼 인간 교차점이 되고있는 가미야마에 대한 긍지가 대단하다. 젊은 이주자들 또한 도쿄에서는 불가능했던 수평적인 직장을 저마다 실현하며 친절이

순환하는 마을살이를 한다.

　이 모든 것은 민간의 힘으로는 불가능하다. 민과 관이 서로 손잡지 않고서는 불가능하다. 그런데 면(面)으로 대표되는 행정 또한 '이의 없음'으로 결론 내리고 예정조화설이 통하는 형식적인 회의 문화가 아니라, 명실상부한 거버넌스를 구현하며 적극 행정에 앞장선다. 결국, 가미야마 프로젝트는 민과 관이 서로 손잡는 원리에서 비롯한 것이다. 고토 마사카즈(後藤正和) 면장이 '이대로 가면 닥쳐올 미래'를 민과 관이 서로 상상하며 내놓은 계획에 대해 "이것은 실현시키기 위한 계획"이라고 역설하는 대목에서 확인할 수 있다. "1인칭으로 내가 하겠다 하는 사람이 없는 프로젝트는 전략으로 채택할 수 없다"고 민관이 서로 합의한 것이다. 고토 면장이 "민간이 힘차게 나서고 행정기관이 뒤를 따르는 상태"(170쪽)라고 언급한 대목은 민관 거버넌스가 어떻게 작동해야 하는지 보여주는 교과서가 아닌가 한다. 면사무소 직원 니시무라(西村)가 공무원을 그만두고, 자신이 제안한 지산지식(地産地食)을 원리로 하는 로컬푸드 프로젝트 일에 몰두하는 것도 '1인칭의 마음'이 없고서는 실현 불가능했을 것이다. 그렇듯 가미야마는 가능성이 있는 곳이고, 가능성 있는 곳에 사람들이 모인다는 점을 잘 말해주는 곳이다.

　결국, 이 책은 우리가 사는 삶터인 마을/지역/도시에 대한 생각을 전환해야 한다는 점을 역설한다. 마을이 진화하려면 마을의 주인은 '나'라는 1인칭의 마음을 갖고 사는 주민들이 있어야 한다고 말한다. 제인 제이콥스(Jane Jacobs)는 『미국 대도시의 죽음

211

과 삶』(그린비)에서 "꿈의 도시를 설계하는 일은 쉽다. 하지만 살아 있는 도시를 재건축하려면 상상력이 필요하다"라고 말한 것도 그런 이유 때문이리라. 이 책은 민과 관이 서로 손잡고 마을의 미래에 대해 상상하고, 다양성을 깊이 수용하려는 환대하는 마음을 견고히 형성해야 한다는 점을 역설하는 책이다.

『마을의 진화』는 아카이브 기록물은 아니지만, 마을 아카이브 기록 차원에서도 던져주는 메시지가 분명하다. 광주 5·18 당시 가두방송으로 유명한 전옥주 씨가 "내가 생각하는 민주화는 최소한 사람들의 이야기를 끝까지 들어주는 사회"[2]라고 말한 것처럼, 가미야마의 매력은 민관이 손잡고 주민들의 다양한 목소리를 듣고 재미있는 프로젝트들을 진행하는 것이 중요하다는 점을 잘 보여주는 훌륭한 마을 아카이브 기록물이다. 30대 시절부터 마을 사업에 참여해 지금은 일흔 실 노인이 된 오미니미 이사장을 비롯한 또래 친구들이 젊은 사람들을 위해 기꺼이 곁을 내주고 지지하는 성숙한 나이 듦의 문화 또한 기억해야 마땅하다. 이들의 모습은 결코 꼰대가 아니라 아름다운 '꽃대'의 모습이다. 인간의 탐욕이라는 바이러스에서 비롯된 자연의 역습 상황에서 접한 『마을의 진화』에서 21세기에 구현된 '오래된 미래'의 모습을 발견한다.

2 광주전남여성단체연합 기획, 『광주, 여성』, 후마니타스, 2012.